KB201563

예수의 죽음

예수의 죽음

2003년 4월 10일 초판 1쇄 발행. 2010년 3월 5일 초판 2쇄 발행. 이아무개가 쓰고, 이동진이 본문 삽화를 그렸습니다. 도서출판 샨티에서 이홍용과 박정은이 펴내고, 최경희와 윤진희가 편집을 하였습니다. 이주빈이 마케팅을 합니다. 양경화가 본문 디자인을, (주)끄레어소시에이츠에서 표지 디자인을 하였고, 필름 출력은 문형사, 본문 인쇄는 대정 인쇄, 표지 인쇄는 영프린팅, 제본은 성문제책에서 각각 하였습니다. 출판사 등록일 및 등록번호는 2003. 2. 6. 제10-2567호이고, 주소는 121-250 서울시 마포구 성산동 628-5, 전화는 (02)3143-6360~1, 팩스는 (02)338-6360, 이메일은 shanti@shantibooks.com입니다. 이 책의 ISBN은 89-953922-0-7 03200이고, 정가는 8,000원입니다.

예수의 죽음

【샨티】

머리말

    도서출판 '샨티'가 절판된 지 오랜 책을 다시 찍어 세상에 내겠다기에 고마운 마음으로 동의하고 삼십 년 전에 쓴 글을 읽어보았습니다. 읽으면서, 한편으로는 내용과 표현의 미숙함이 부끄럽기도 했습니다만, 예수 그분에 대한 저의 기본 자세가 삼십 년 세월에도 크게 달라지지 않았음을 보고 안도감이라 할까, 대견함이라 할까, 그런 느낌이 들었습니다.

    제 일생은, 외람되고 송구스런 말씀입니다만, 제 인생의 주인공이요 스승이요 길벗이요 길이요 목적

이신 분, 한때 '예수'라는 이름으로 우리 가운데 계셨던 그분을 향한 서투른 발걸음이었다고 하겠습니다. 그분을 좀더 가까이 모시고 좀더 깊이 아는 데 도움이 되지 않는다면 제가 하는 모든 일이 저에게는 '헛일'입니다. 글을 쓰는 것도, 책을 읽는 것도, 그분께로 더 가까이 더 깊이 더 높이 다가서는 데 도움이 되기 때문에만 가치 있고 보람 있는 일이었습니다.(물론 제가 하는 모든 일을 통해서 오로지 그분께 가까이 갔다는, 그런 고백은 아닙니다. 사실은 그와 반대일 경우가 오히려 많았다고 하겠습니다.)

1975년, 문익환 목사님의 '제4일문고'에서 팸플릿으로 이 책 초판을 찍었을 때, 예수의 죽음은 나 같은 자의 미숙함에 의하여 '오염될 필요'가 있다는 말을 후기(後記)했던 기억이 납니다. 그 생각은 지금도 달라지지 않았습니다. 제가 그분의 삶과 죽음에 관하여 무슨 말을 해도, 아무리 순결한 언어로 겸허

5

하고 진실하게 말해도, 그로써 그분의 삶과 죽음은 벌써 오염되었다는 사실을 잘 알고 있습니다. 그러나 그와 같은 '오염의 강물'을 건너지 않고서는 여기서 그분의 삶을 살고, 그분의 죽음을 죽을 수 없다는 사실 또한 저는 알고 있습니다. 그러기에 젊은 혈기가 느껴지는 문장의 미숙함과 천박함을 무릅쓰고 감히 이 책을 세상에 다시 내는 것입니다.(다시 내면서 내용을 바꾸지 않는 정도로 문장을 고쳤습니다.)

글의 거친 호흡과 도발적인 표현들이 혹시 낯설게 느껴질는지 모를 '신세대 독자'들을 위하여, 한마디만 변명 삼아 말씀드린다면, 박정희 정권 유신 독재가 거듭되는 긴급조치 홍수로 민중의 눈과 귀와 입을 틀어막고 있을 무렵, 겁 많고 파리한 서른 살 젊은이가 끙끙거리며 쓴 글이라는 점을 염두에 두고 읽어달라는 것입니다.

'예수'를 향한 제 발걸음은 아직 갈 길이 멀었습니다. 저의 참된 자아를 만날 때까지, 그리하여 저와 제가 옹근 하나를 이루는 순간까지, 십자가에 달린 예수처럼 목숨이 끊어진 뒤에도, 제 발걸음은 (이 글을 읽는 그대의 발걸음과 마찬가지로) 계속 이어질 것입니다.

죽었던(?) 책을 무덤에서 불러내어 다시 돌아다니게 해준 '샨티'의 젊은 벗들에게 고마운 마음을 전합니다.

2003년 부활절을 앞두고
觀玉 이아무개

차례

3

1

두 배신 이야기

어느 시대나 현대인은 배신한다. 배신은 그들 생의 출발점이자 종착점이기도 하다. 많은 사람들이 별로 어렵지 않게 서로 배신하고 그것을 용납하면서 살고 있다.

나는 두 가지 배신을 알고 있다. 그 두 가지 배신 이야기로 나는 지금 내 이야기를 시작하려 한다.

유다 이스가리옷은 철저한 인간이었다. 그에게서 나는 언제나 강인한 인간의 냄새를 맡을 수 있었다. 그는 치밀했다. 그래서 나는 우리 일행의 돈보따리를 그에게 맡겼다. 그는 한 푼도 허비하지 않고 회계 임무를 잘 감당해 냈다. 삼 년 동안 그의 눈은 언제나 이글거리고 있었다.

처음부터, 그는 배신자였다. 나를 은돈 서른 닢에 팔아 넘기기 전부터, 나와 첫 번째 만남을 갖기 전부터, 그는 배신자였다. 그것은 신(神)의 모든 그림자조차 추방시켜 버린 그의 강인한 눈동자가 증명해 주는 것이었다. 그는 나를 배신하지 않았더라도 반드시 누군가를 배신했을 것이다.

아무도 그의 야망을 만족시켜 줄 수 없었고, 그래서 그는 자기를 둘러싸고 있는 모든 것을 죽여야만 했다. 스스로 신이 되기 위해 신을 죽인 인간은 유다 외에도 많이 있지만, 그 신을 죽인 것이 상처가 되어 마침내 자기 몸까지 파멸시켜 버린 유다 이스가리옷은 아무리 생각해도 차라리 태어나지 않았으면 좋았을 그런 인간이라고 하지 않을 수 없다.

지금도, 나는 베다니아의 나병 환자 시몬의 집에

서 있었던 일을 생생하게 기억하고 있다. 이글거리는 눈동자에 연민과 실망과 분노를 섞어 나를 쏘아보고 있던 유다 이스가리옷을 잊을 수가 없다.

우리는 시몬의 집에서 저녁을 먹고 있었다. 그때한 여자가 옥합을 들고 방 안으로 들어왔다. 그녀가옥합 안에 담아온 것은 상당한 값이 나가는, 유다를비롯한 우리 일행 몇몇이 계산한 대로 하면, 삼백 데나리온이 되고도 남을, 순 나르드 향유였다. 그녀는말없이 그 옥합을 깨뜨렸다. 값진 기름이 쏟아졌다.그 기름을 떨리는 손으로 내 발에 발랐다.

"이게 무슨 짓인가?" 하고 소리지른 것은 유다 이스가리옷이었다.

"그런 기름은 팔면 삼백 데나리온은 넉넉히 받을텐데, 그것을 팔아 차라리 가난한 자들에게 주는 것이 마땅한 일 아닌가?"

유다뿐만 아니라 다른 사람들도 한결같이 그녀의행동을 나무라기 시작했다. 모두들 유다의 말이 옳다고 생각했다. 사실 그 동안의 내 가르침에서 벗어나는 말도 아니었다. 나는 한 부자에게, 당신의 가진 모든 것을 팔아 가난한 자에게 나누어주지 않으면 영원한 생명을 얻을 수 없다고 말한 적이 있었고, 아마도 그들은 그 말을 잘 기억하고 있었을 것이다.

그러나 나는 사회 정의라는 것 너머에 있는 무엇이 종교이고, 내가 관심하는 것이 바로 그 무엇임을 말하지 않을 수 없었다.

"너무 그러지들 마시오. 이 여자는 내게 아름다운 일을 했소. 가난한 사람들은 언제나 당신들 주변에 있겠지만, 나는 곧 세상에 없을 것이오. 이 여자가 내 몸에 기름을 부은 것은 내 죽음을 준비한 일입니다."

상징을 현실로 읽는 것은 얼마나 메마른 일인가? 유다의 마음속에 지하수처럼 괴어 있던 배신의 기운이 마침내 작동을 시작하여 무서운 싹을 틔우기 시작한 것은 아마도 그날 그 메마른 저녁이었을 것이다.

모든 정(情)이 사라진, 모든 신화가 사라진, 그리하여 모든 상징이 논리와 사실로 변질되는 곳에 악령은 거주한다. 나는 타는 듯 메마른 유대의 광야와 거기서 나를 찾아왔던 악령을 기억한다. 물 없는 곳을 헤매며 쉴 곳을 찾아다니던 악령의 이야기도 나는 알고 있다.

　어느 날 갑자기, 친구로 살아 있던 피노키오가 딱딱한 목각 인형으로 환원되고, 흥부의 박씨가 엉터리없는 '뺑'으로 자각되는 순간에 소년은 악령들과 동거를 시작한다. 그리하여, 그가 충분히 성숙하여 또다시 피노키오의 장난기 어린 몸짓을 배우고 흥부의 박씨에 놀라게 될 때까지 악령의 유혹은 계속되는 것이다. 우주선을 타고 달 표면에서 메마른 먼지층만을 발견하고 돌아온 현대인은, 다시 달나라 옥토끼가 떡 찧는 소리를 듣게 될 때까지, 악령의 유혹을 외면할 수 없을 것이다.

　유다는, 그 강인하고 치밀하고 철저한 인간 유다

는, 노예 하나를 사고 팔 수 있는 돈인 은돈 서른 닢에 스승인 나를 팔기로 작정했다. 그의 자학을 누가 비웃을 것인가?

올리브 산에서 나는 대제사장과 성전 수위대장과 원로 들에 의하여 체포되었다. 유다 이스가리옷이 그 체포에 결정적인 역할을 했다고는 보지 않는다.

그들은 유다의 입맞춤이 없이도 결국 나를 찾았을 것이다. 그렇다면 유다의 입맞춤이 뜻하는 의미는 어디 있는가? 그것은 견딜 수 없는 실망과 허무의 구렁텅이에 빠져버린 자신에 대한 반항이요 거절이다. 신의 간섭을 조금도 용납할 수 없는, 목이 곧은 인간의 최후 선언이다.

나는 유다가 은돈 서른 닢을 받고 나를 배신한 데 대한 그리고 그 원인에 대한 후대인들의 의미 부여와 원인 규명을, 그리고 그 결론들을 잘 알고 있다. 그 어느 것 하나도 부인할 만한 위치에 나는 서 있지 못하다. 모든 추리와 사유(思惟)는 주관적이다. 그러나 내가 용납할 수 없는 일 하나가 있다. 그것은 유다 이스가리옷을 저주하고 정죄하는 일이다.

왜냐하면 누구든지 유다를 정죄할 수 있는 위치에 서 있지 못하기 때문이다. 혹시 유다를 정죄할 수 있는 자격을 얻은 사람이 있다면, 그는 결코 유다를 정죄하지 아니할 것이다.

유다는 스스로를 구원하기 위해, 처음엔 나를 삼 년이나 따라다녔고, 다음엔 나를 배신했고, 그리고 다음엔 뉘우쳤고, 은돈 서른 닢을 환불했고, 마지막에는 자살했다. 그러나 그 어느 것도 그를 구원해 내지 못했다. 그는 아담의 아들이기를 거절한, 프로메테우스의 사도였다.

이 비극은 오늘날 현대인의 것이 되었다. 신은 이미 죽었다고 진단되었고, 따라서 이제 외부에서 오는 도움은 원천적으로 부인되고 있다. 인간의 모든 문제는 인간의 손으로 해결해야만 하고, 인간은 그렇게 할 수 있다고 믿는다. 신의 시체는 재빨리 매장

해야 하고, 인간은 서둘러 신이 앉았던 의자를 차지해야만 한다고 주장한다. 적어도 수천 년 동안 자기들의 조상과 함께 호흡하며 지내온 바로 그 신의 죽음을 진단하면서도 눈물 한 방울 흘리지 않는 그 메마름 속에 무엇이 꿈틀거리고 있는가? 거대한 배신의 바벨탑을 준비하고 있는 현대인의 마음은, 그날 밤 내게 차가운 입맞춤을 선물하던, 그리고 뒤에 뉘우침으로 대제사장들에게 은돈 서른 닢을 들고 달려가던, 그러나 그것으로도 자기를 구원할 수 없어 마침내 자기 목을 맨 유다처럼, 어찌할 수 없는 메마름으로 가득 차 있지 아니한가?

현대인의 세계에서는 인간의 잘못이 '눈물'로 해결되지 않는다. 그들의 냉랭한 '법'은 눈물을 망각한 지 이미 오래다. 바로 그러한 '법'이 모든 현대인의 생활을 떠받들고 있는 발판이라는 사실이 죄악이다. 법은 인간을 구원하지 않는다. 다만, 처벌할 뿐이다.

유다는 내가 유죄 판결을 받자 은돈 서른 닢을 가지고 대제사장과 원로 들을 찾아갔다.

"내가 죄 없는 사람을 배신하여 그의 피를 흘리게 했으니, 나는 죄인입니다."

그러자 대제사장과 원로 들은 이렇게 말했다.

"우리는 알 바 아니다. 네가 알아서 하여라."

그들이 가지고 있던 것은 사랑이 아니라 율법이었고, 신이 아니라 신의 장신구였고, 그들이 관심하던 것은 인간이 아니라 인간의 틀이었다. 그들은 아무도 용서해 줄 능력이 없었다.

유다는 은돈을 성소(聖所)에 내던지고는 물러나왔다. 대제사장과 원로 들이 버티고 서 있는 성소에 구원은 없었다. 유다는 최후의 수단인 자살을 감행했다. 끝까지, 유다는 눈물을 흘리지 않았고, 신에게 호소하지 않았고, 그래서 강한 자로 남았다. 자신의 활동 테두리 안에 신을 용납하지 않았다. 신에게 그를 구원할 기회를 허용하지 않았다. 구원은 끝내 없었다. 배신은, 강한 자의 자기 구원을 위한 배신은, 그리하여 신을 비롯한 외부의 모든 것을 살해한 유다 이스가리옷의 배신은, 마침내 하나의 좌절로 끝나고 말았다.

그러나 나는 다른 한 배신을 알고 있다. 그 배신의 주인공은 유다처럼 나와 함께 삼 년 세월을 살았다. 그는 건강한 육체를 가지고 있었다. 그러나 그의 눈은 두려움과 순박함으로 항상 떨고 있었다. 그를 처음 보았을 때, 나는 그가 결코 강자가 아닌, 그리하여 혼자서는 설 수 없는 존재임을 알았다. 나는 그에게서 유다와 같은 강인함이나 야망을 발견할 수 없었다. 그의 영혼의 방황에 견주어볼 때, 삿대질과 그물질로 울퉁불퉁해진 가슴과 팔뚝의 근육은 오히려 나약해 보였다.

그는 내가 체포될 때까지, 법정에 끌려가 심문을 당할 때까지도, 나를 이해하지 못한 자들 가운데 하나였다. 처음에 내가 그에게 게파(반석)라는 이름을 붙여주었을 때, 물론 그는 내 속마음을 전혀 알지 못했다. 그가 그것을 깨닫게 되기까지는 상당한 세월이 흘러야만 했다.

그는 우둔한 만큼 숨김이 없었다. 그는 약한 만큼 누군가를 믿을 수 있었다. 그는 모자라는 만큼 신을 용납할 수 있었다. 무엇보다도 그에게는 눈물의 샘이 있었고, 그 샘은 절망의 순간에 솟아날 수 있었다. 내가 그를 게파라고 부르게 된 것은 바로 그 약함 때문이었다. 그의 이름은 시몬이라고 했고, 흔히 게파와 같은 뜻인 베드로라고 불리었다.

그는 항상 즉흥적이었다.

그날 밤, 우리는 찬양를 부르며 올리브 산을 오르고 있었다. 나로서는 지상에서 보내는 마지막 밤이었다. 나는 찬양을 부르며 평화스럽게 걸어 올라간 바로 그 길을 조금 뒤에는 몽치와 칼을 든 군인들에게 끌려 내려올 것을 알고 있었다. 그러나 나와 함께 산길을 오르고 있는 다른 친구들은, 베드로를 비롯한 내 모든 친구들은 조금 후에 닥쳐올 시련을 알 수 없었다.

나는 입을 열었다.

"오늘 밤, 당신들은 다 나를 버릴 것입니다. 성서에 그렇게 기록되어 있습니다. 그러나 나는 반드시 살아날 것입니다."

그러자 베드로가 나섰다.

"선생님 도대체 어디로 가시는데 그런 말씀을 하십니까?"

"내가 지금 가는 곳에 당신은 따라갈 수 없을 것입니다."

"그런 말씀 마십시오."

베드로가 큰 목소리로 말을 계속했다.

"비록 모든 사람이 주님을 버릴지라도 저는 결코 주님을 버리지 않겠습니다."

나는 그의 이 말에 조금도 거짓이 들어 있지 않음

을 잘 알고 있었다. 그러나 나는 다른 진실이 그의 내면에 숨어 있음을 얘기해 주어야만 했다. 그것은 그의 '약함'이었다.

"당신에게 분명히 말해 두지만, 오늘 밤 닭이 울기 전에 당신은 세 번이나 나를 모른다고 할 것입니다."

나의 이 말에 베드로는 펄쩍 뛰었다.

"주님과 함께 죽는 한이 있더라도 결코 주님을 모른다고 하지 않겠습니다."

우리 둘 사이의 그날 밤 대화는, 앞으로 일어날 일에 대한 누구의 추측이 더 정확한가를 겨루는 내기가 결코 아니었다. 우리는 서로 진실을 이야기하고 있었다. 베드로는 베드로의 진실을 그리고 나 역시 베드로라는 인간의 진실을 숨김없이 이야기한 것이다.

인간의 약함은 수치가 아니다. 바울로는 그것을 자랑거리로 삼았다.

그날 밤, 나도 무척 약해 있었다. 나는 될 수 있으면, 십자가의 죽음을 면하고 싶었다. 십자가의 죽음이 과연 한 인간의 수치와 곤욕 말고 또 무슨 의미가 있을 것인가에 대하여 나의 약함은 끈질기게 집착했다. 위기 일발의 순간이었다.

그러나 인간의 약함은 신의 강하심에 의해 항상 보상되어 왔다.

내가 체포당하는 순간, 베드로는 사나운 말(馬) 같았다. 그는 차고 있던 칼을 빼내어 대제사장의 종 말코스를 내리쳤다. 말코스의 오른쪽 귀가 잘라졌다.

소란 가운데 고뇌의 입맞춤이 있었고, 유다의 배신에 이어 또 하나의 배신이 싹트고 있었다. 나는 홀로 되어 군인과 경비병 들에 끌려 대제관 안나스에게 갔다. 아무도 나와 함께 결박당하지는 않았다. 대제사장의 종의 귀를 자르던 베드로의 마지막 모습이 내 머리에서 떠나지 않았다. 그는 결국 나를 버리고 달아난 채 다시는 돌아오지 않을 것인가? 그러나 나는 평소의 그의 단순함을 잘 알고 있었고, 어린아이와 같은 즉흥성을 믿고 있었다. 그는 아직 내게서 더 멀리 떨어져 나아갈 필요가 있었다. 우리는 서로 신 앞에서 자신의 초라함을 확인할 시간이 필요했다.

결국 나는, 베드로가 "여보시오. 무슨 소리를 하고 있소? 나는 그를 모르오"라고 말하는 소리를 들었고, 닭이 우는 소리를 들었다. 나는 대제사장 관저 뜰에 피워놓은 불을 둘러싸고, 여기저기 앉아 있는 무리들 가운데서 창백한 베드로의 얼굴을 보았다. 그는 눈물을 글썽거리면서 자리에서 일어서고 있었다. 자신의 눈물을 사람들에게 보이지 않고 울 수 있는 장소를 찾아 뜰 밖으로 나가는 베드로의 뒷모습을 바라보면서 나는 속으로 기도했다.

"약한 사람이 나갑니다. 보살피소서."

베드로는 과연 나를 세 번이나 부인했다.

그러나 그의 배신은, 유다의 그것처럼, 좌절로 끝나지는 않았다. 그것은 하나의 출발점이 되었다. 그는 자기의 상상도 할 수 없었던 배신 행위를 보상할 길을 찾을 수 없었다. 유다처럼 돌려줄 은돈도 없었고, 대제사장이나 원로 들도 없었고, 자기 목숨을 끊을 만한 메마른 강인함도 없었다. 다만 눈물밖에는 아무 가진 것이 없었다.

나는 지금도 약한 사람을 사랑한다. 스스로 섰다고 하는 자들을, 나는 지금도 믿지 않는다.

게파, 사랑하는 나의 약함이여, 나는 그에게 천국 열쇠를 준 것을 결코 후회하지 않는다. 그의 위에 내 교회를 세운 것을 무엇보다도 다행으로 여긴다.

나의 교회는 논리 위에 기초한 것이 아니다. 치밀한 계획과 예산 위에 기초한 것도 아니다. 그것은 신 앞에서 자기의 '아무것'도 아님〔無〕을 발견하고 쩔쩔매며 울고 있는, 그것도 사람들이 보지 않는 곳에 숨어서 울고 있는 베드로의 나약한 어깨 위에 기초한다. 왜냐하면 거기, 인간의 약함에 신은 비로소 임재하기 때문이다.

나는 내 이야기가 탈색되어, 그 풍부한 신화성(神話性)과 동화성(童話性)이 사라지고 교리와 윤리만으로 남는 것이 슬프다. 내 이야기의 비신화화는 인간이 성숙함에 이르기 위해 거쳐야 하는 많은 동굴 가운데 하나로 그쳐야 할 것이다.

나는, 어떤 사람들이 하나의 이상적인 이미지를 만들어놓고는 거기에 나를 맞춰넣으려는 시도를 계속하고 있음이 슬프다. 나는, 어떤 사람들이 나와 깊이 사귀어보기도 전에 나를 선전하며 나의 이야기를 거침없이 옮기고 다니는 것이 불안하다.

유다가 맛본 것과 똑같은 좌절과 분노와, 그리고 거기서 오는 무서운 결과가 눈에 보이기 때문이다. 모든 현대인의 배신이 자기 파멸이 아니라 자기 발견으로 이어지기를, 그리하여 새로운 역사의 출발점이 마련되기를 나는 원한다.

그날 밤에도 나는 뜰 밖에서 슬피 울고 있을 베드로를 생각하면서 그리고 그의 약함 위에 내려꽂히는 신의 은총을 생각하면서 사람들의 온갖 조롱을 견딜 수 있었다. 그들은 나의 눈을 가린 후 여기저기 때리

며 누가 때렸는지 알아맞춰 보라고 말하였다. 그
모든 조롱과 욕설 속에서 밤은 조용히 깊어가고 있
었다.

숫자의 심판

　그들은 나를 가야바에게 끌고 갔다. 가야바는 그
해의 대제사장이었다. 그는 "많은 사람을 대신하여
한 사람이 죽는 게 유익하다"라는 유명한 말을 한 장
본인이기도 했다. 그의 지론(持論)은 상당한 민중의
호응을 받았던 것 같다.

　민중은 역시 '많은 사람' 편에 서 있는 것이기 때
문이었을까? 가야바가 그런 지론으로 저 대중을 설
득시킨 것은 상당히 오래 전부터였다. 분명하게 말
해서, 그는 나의 세 가지 '잃어버린 것들에 대한 이
야기'를 반박하기 위해 그런 지론을 폈던 것 같다.

31

나는 은돈 한 닢을 찾기 위해 밤새워 온 집 안을 뒤진 한 여자 이야기를 한 적이 있다. 또, 양 한 마리를 찾아 아흔아홉 마리 양들을 들판에 두고 온 산을 헤맨 목자 이야기도 들려준 적이 있다. 또 한번은 재산을 상속받아 먼 곳으로 갔다가 그 재산을 탕진하고 거지가 되어 돌아온 아들을 입맞춤으로 받아들인 한 늙은 아버지의 이야기를 한 적도 있다.

가야파의 사상은, 그것을 사상이라고 할 수 있다면, 전체주의라는 낡은 언어로 표현할 수밖에 없을 것이다. 전체를 위해 개인은 희생될 수 있으며, 희생되어야 하며, 희생되지 않으면 안 된다고 말한다. 전체가 살고 난 후에야 개인은 사는 것이라고 말한다. 아흔아홉 마리 양을 버리고 길 잃은 한 마리 양을 찾아 산속으로 다시 들어간다는 것은 있을 수 없는 일이라고 생각한다. 어떤 목자가 산속에 들어가서 개인적인 양심의 충족을 추구하고 있을 때, 아흔아홉 마리 양들이 이리 떼의 습격을 받지 않을 것이라는 보장은 있을 수 없고, 따라서 그 목자는 직무를 소홀히 한 이중의 잘못을 범하는 것이라는 주장이다.

큰 것을 위해서 작은 것은 희생되어야 한다는 것이 그들의 원칙이다. 많은 것을 위해서 적은 것은 희생될 수 있다는 것이다. 어느 시대에나 이런 주장은 있어왔고 그것은 약속대로 '많은 사람들'에게 호응을 받았다.

아아! 내가 말하는 '많은 사람'이란 누구일까?

개인의 희생 위에 세워질 수 있는 전체의 행복이란 어떠한 빛깔을 하고 있을까? 작은 것의 시체 위에 피어나는 큰 것의 꽃은 어떠한 모양을 하고 있는 것일까?

"대중은 우매하다"는 누군가의 표현은 사실일지도 모르겠다. 그들은 끝없는 자기 모순 속에서 다만 흘러갈 뿐이다.

가야파는 정치적인 두뇌를 가진 대제사장이었다. 그는 많은 것과 적은 것을 구별할 줄 알았고, 큰 것과 작은 것을 나눌 줄 알았다. 그리고 그 둘 가운데서 한 쪽을 택할 줄도 알았다.

그는 자기를 찾아오는 사람에게 "너는 따로 떨어진 개인이 아니라 전체 속의 개인이다"라고 인간이 할 수 있는 가장 설득력 있는 조언을 할 수 있는 인물이었다.

옛날부터 지금까지, 무엇인가를 다스리는 이들은 이러한 지론이 가지고 있는 굉장한 설득력에 매료되었다. 사람들은 언제라도 마치 개미 떼처럼 대중 속에 자기를 묻어버리고 이단자 같은 개인을 죽여 없앨 준비를 갖추고 있었다.

불을 질러라!
너는 뒤에 서서 불만 질러라.
대중은 너를 위해 너의 모든 적들을 태워버릴 것이다.

이렇게 그들은 속삭인다.

수(數)의 개념이 인간에게 주어졌다는 것은 어쩔 수 없이 서글픈 일 가운데 하나이다. 하나 둘 셋 넷 ……. 그 수를 세면서 인간은 지금 어디로 가고 있을까? 그들은 숫자로 모든 것을 판단한다.

그 나라의 행복은 국민의 소득액으로 측정된다. 그 교회의 크기는 교인 수로 측정된다. 다른 무엇보다도 이것은 내 마음을 슬프게 한다. 어떻게 해서 그들은 감히 내 교회를 숫자로 측정하려 마음을 먹게 되었는가? 그 교회에 속한 교인의 신앙은 그들이 내는 헌금의 액수에 비추어 측정된다. '신앙의 측정'이라는 있을 수 없는 합성어가 가능하게 된 현실이 나는 슬프다. 성직자의 권위는 그가 받는 월급과 보너스의 백분율로 측정된다.

나를 십자가에 못박은 것은 숫자였다. 숫자의 소리였다. 숫자가 나를 심판했고, 나는 숫자에 의해 사형을 언도받았다.

나는 전도자라는 많은 이들이 내 이름을 얘기하면서 숫자에 관심을 쏟고 있는 그 이유를 도무지 알 수가 없다. 오늘 밤엔 몇만 명이 모였다, 몇십만이 모였다, 새로운 신도가 몇백 몇십 몇 명이다. 여기저기 쓰러져 있는 '개인'이 그들의 눈에는 보이지 않는 모양인데, 그들은 내 충고조차 듣지 않는다.

나는 이 세대에 유명한 한 부흥사를 만난 적이 있다. 그와 만났던 일은 지금 씁쓸한 추억으로 남아 아무래도 잊혀지지가 않는다.

"주님, 대성공이었습니다."

목덜미에 흐르는 땀을 닦으면서 내게 말했다.

그가 지금 막 떠나온 아스팔트 광장의 더운 열기가 방 안을 맴돌았다.

"보셨지요? 그 끝없는 인파를! 백만 명이 넘었습니다. 백만이요! 이 나라가 생긴 이래 처음이었을 것입니다."

그는 냉장고에 넣었던 음료수를 꺼내, 보기에도

시원스럽게 마셨다. 마시면서 말을 계속했다.

"결국, 해치우고 말았습니다. 주님, 백만입니다. 기독교 역사상 처음 있는 일입니다."

나는 아무 말도 하지 않고 돌아섰다. 그가 한 마지막 말은 차라리 듣지 않았으면 좋았을 뻔한 것이었다. 그것은 또 다른 못이 되어 나의 가슴을 아프게 뚫었다.

숫자는 악마다.
그것은 처음부터 어쩔 수 없는 일이었다.
악마는 지구를 포기하지 않는다.

수(數)라는 것만 없다면 가야파의 지론은 생기지도 않았을 것이다. 개인이 전체를 위해 희생하는 것이 유익하다는 전제는 그 모든 설득력을 상실할 것이다.

하나 둘 셋 넷, 수를 세면서 현대인은 무덤으로 행

진하고 있다.

나는 생텍쥐페리를 알고 있다. 하늘의 모든 별들을 계산하여 장부에 기록하고 있는 어떤 어른에 대한 그의 이야기도 알고 있다. 그는 다수결이라는 것의 횡포를 적당하게 운영함으로써 자기 생명을 유지하고 있는 많은 통치자들을 알고 있다. 민중이라는 가공되지 않은 힘을 이용하여 붉은 의자를 차지한 공산주의자들에 대하여도 알고 있다. 동물원의 사육사처럼, 그는 민중의 입에 항상 살코기를 던져주어야 한다. 그들은 정적(政敵)이 없이는 살아나갈 수가 없는 것이다.

'1' 과 '100' 은 어떻게 다른가? '1' 과 '99' 는 어떻게 서로 비교할 수 있는가? 그리하여 그들 중의 하나를 택할 수가 있단 말인가?

'많은 인간' 과 '적은 인간' 이란 있을 수 없는 말이다. '큰 인간' 과 '작은 인간' 이란 말도 있을 수 없는 것이다. '많은 인간' 을 위해 '적은 인간' 이 희생되어야 한다는 논리는 도대체 어디에서 나온 것인가?

가야파는 명석했지만 한 가지 실수를 범했다. 그는 나의 '잃어버린 것'에 대한 얘기를 숫자라는 렌즈를 통해 보았던 것이다. 그러므로 내 이야기를 탈색시키고 자기의 권위를 고양시키기 위해 민중에게 제시한 (나의 이야기에 대한) 반론은 사실인즉 '근거가 없는' 것이 아닐 수 없었다. 아무도 '개인'을 위해 '전체'가 희생되는 것이 유익하다고 말하지는 않았기 때문이다.

가야파는 나를 로마인 총독 빌라도에게로 보냈다. 그들은 나를 죽여야 했는데 그들의 법을 가지고는 나를 사형에 처할 수 없었기 때문이다. 그들은 세 가지 죄목으로 나를 고소했다.

첫째, 국가의 전복을 위한 민중 선동.
둘째, 가이사에게 세금 바치는 것을 반대함.

셋째, 스스로 자신을 왕이라 함.

민중을 선동하는 것은 내게 논리적으로 불가능한 일이었다. 왜냐하면 내게는 선동할 '민중'이 없었기 때문이다. 나에겐 다만, 짓밟히고 학대받고 억눌리고 가난하고 억울한 '인간들'만이 있을 뿐이었다. 나는 그 누구도 그를 민중으로서 대해 본 기억이 없다. 내가 관심한 것은 '인간의 해방'이었다. 민중이라는 것을 선동하여 그것을 이룰 수 있다고는 결코 생각조차 할 수 없었다.

나는, 내가 가는 곳마다 적지 않은 인파가 밀려들던 일을 기억하고 있다. 그리고 항상 그 무리들 속에 소란이 일어나고 있었던 것도 알고 있다. 내가 수천명의 배고픔을 면케 해주었을 때, 그들이 나를 에워싸고 몰려들던 일을 지금도 생생하게 기억하고 있다. 그러나 그때마다 나는 '무리들'로부터 도망치지 않았던가? 그리하여 산속으로 들어가, 밀물처럼 엄습해 오는 이 엄청난 수(量)의 유혹을 피할 수 있게 해달라고 내 '아버지'에게 기도하지 않았던가? 그래서 나는 흔들리는 마음을 다스리기 위하여 그 '잃어버린 것'에 대한 이야기를 되풀이하여 무리들에게 (사실은 자신에게) 들려주지 않았던가? 은돈 한 닢을 찾는 여자, 한 마리 잃어버린 양을 찾는 목자, 탕자를 기다리는 늙은 아버지, 그들은 얼마나 내게 힘이 되어주었던가? 그것은 결코 숫자에 관한 얘기일 수가 없었다. 그것은 반숫자(反數字)의 얘기였다.

나에겐 민중이 없었다. 나는 참으로 고독했다. 그러나 그 때문에 끝내 나는 십자가를 지는 용기를 가질 수도 있었던 것 같다. 내겐 민중을 선동하여 전복시킬 국가 또한 없었다. 나의 나라는 민중을 선동하여 세울 수도, 전복시킬 수도 없는 나라였다.

나는 빌라도에게 이렇게 말했다.

"내 나라는 이 세상에 속한 것이 아니오. 내 나라가 세상에 속한 것이라면, 내 부하들이 싸워 나를 유대인의 수중에 넘어가지 못하게 했을 것이오. 그러나 내 나라는 이 세상에 속한 것이 아니오."

국가(國家).

그렇다. 인류는 과연 훌륭한 방패를 발명해 냈다. 뿔이 돋힌 그 방패는 방어와 동시에 공격도 가능하다. 얼마나 많은 사람들이 국가라는 것을 방어하다가 전장의 이슬로 사라져갔는가? 종교적 의미 같은 것은 생각도 못해 보고, 뼈대에 근육만 붙으면 이유를 알 수 없는 전쟁터에 나가 불개미처럼 싸우다가 먼지처럼 사라져간 저 수많은 어린 전사들의 죽음을 누가 보상할 것인가? 얼마나 많은 사람들이 국가라는 이름에 속아 천하보다 소중한 목숨을 잃었던가?

빌라도는 알고 있었다. 나에게 민중도, 그 민중을 선동하여 전복시킬 국가도 없었음을 알고 있었다.

나를 빌라도에게 끌고 온 유대인들은 관저 밖 길에서 웅성거리고 있었다. 쉴새없이 뭐라고 떠들어대고, 소리지르고, 깔깔거리고 웃어대는 것이었다. 관저 안에도 넓은 뜰이 있었지만, 한 사람도 들어오지 않았다. 그 뜰은 이방인이 거처하는 곳이었고, 그들은 절기를 앞두고 더러운 피가 돌고 있는 인간과 한 장소에서 있을 수가 없었던 것이다. 그래서 빌라도는 마치 통역관처럼 발코니와 대문 사이를 오락가락하면서 나를 심문했다.

대문 밖 군중의 고소하는 내용이 하나도 사실과 부합되지 않는다는 것을 알았을 때, 그의 얼굴에서는 땀이 흐르고 있었다. 사실을 아는 자의, 그러나 그 사실을 사실로서 지킬 수 없는 자의 고뇌하는 얼굴이었다. 좋은 음식과 적당한 운동과 충분한 휴식으로 윤기가 흐르는 얼굴이었으나 그것은 한낱 껍질뿐이었다.

그가 바깥 군중에게 말했다.

"나는 이 사람에게서 아무런 죄도 발견할 수 없다. 이대로 놓아주어야겠다."

그러자 놀랄 만한 반응이 일어났다. 사나운 군중

이 목청을 합하여 소리를 지르는 것이었다. 관저 구석구석까지, 뜰 안의 풀 포기까지 부르르 떨릴 만큼, '큰' 소리였다.

"그를 십자가에 달아라!"

"그는 갈릴리에서 백성을 선동했다."

"그는 교만한 자다."

"나라를 뒤집어엎으려 했다."

예수를 십자가에, 예수를 십자가에. 그들은, 민요의 후렴처럼, 이 말을 계속 외쳐댔다.

빌라도가 다시 내게로 돌아왔다.

"저 소리를 들어봐라, 모두가 너를 죽이라고 한다."

나는 묵묵히 그의 얼굴을 바라봤다. 그러면서 군중들의 외치는 소리를 듣고 있었다. 그것은 아우성이었다. '인간'의 소리가 아니라 '무리'〔群〕의 소리였다. 그렇다! 나는 그때 똑똑히 들었다. 그것은 바로 숫자의 소리였다. 악마 같은 숫자의 함성이었다.

아무도 그 소리를 꺾을 만큼 큰 목소리는 갖지 못했다.

"너는 목석인가? 답답하지도 않나? 뭐라고 할 말이 없나? 저들의 터무니없는 고소를 그대로 받아들일 셈인가?"

그래도 나는 입을 열지 않았다.

"답답한 친구로군. 네가 그러고 있으면 내가 어떻게 도와줄 수도 없지 않은가?"

도와줄 수 없다는 것을, 나는 벌써부터 알고 있었다. 바야흐로 침묵할 때가 왔던 것이다. 입을 다물고 나는 그들이 큰 소리로 부르짖는 것을 다 들었다. 그것은 정말로 터무니없는 중상이요 모략이었지만, 나는 끝내 입을 열지 않았다.

사제(司祭)여!
때가 되거든 입을 다물어라.
사람마다 '제' 이야기를 할 수 있을 때,

너는 제단의 먼지를 닦아라.

만인이 침묵을 강요당할 때 너는 입을 열어라.

그러나 만인이 '한 가지' 말을 해야만 할 때가 되거든 너는 입을 다물어라.

그리고 아무 말도 하지 말아라.

네 침묵 끝에 이슬방울로 맺힌 네 죽음을 응시하여라.

형장(刑場)이 머지않은 곳에서 너를 기다리고 있다.

사제여,

때가 되거든 침묵할 수 있는 용기를 달라고 네 '아버지'에게 기도하여라.

나는 필생(畢生)의 힘을 다하여 입을 다문 채, 압도하는 숫자들의 선고 소리에 귀를 기울이고 있었다.

침묵 속에서

    관저 밖의 아우성과 내 침묵 사이에서 빌라도는 고민을 하고 있었다. 그는 결단을 내려야만 했고, 그 결단에 한 사람의 생명이 좌우된다는 사실을 잘 알고 있었다. 그런데 그 생명이 아무런 죄도 짓지 않은 사람의 생명임을 그는 또한 알고 있었다.

    당시의 풍습으로서, 통치자의 오판(誤判)에 의해 한 사람의 애꿎은 생명이 사라진다는 것은 사실 아무것도 아니었다. 그것은 후대에 와서 흔한 '역사의 희생' 쯤으로 평가될 수도 있는 일이었다.

    빌라도는 이 귀찮은 야만인들이 자기에게 떠맡긴

짐을 부담스러워하는 눈치였다. 발코니와 대문 사이를 오락가락하면서 가끔 퉁명스런 눈으로 나를 노려보았다.

"저 무리들이 떠드는 대로, 네가 유대인의 왕인가?" 하고 그가 내게 불쑥 물었다. 나는 입을 열어 그에게 대답했다.

"그것은 당신의 말이오."

그가 발작하듯 문 밖으로 뛰쳐나가 소란한 군중에게 말했다. 큰 소리로 말했기 때문에 내 귀에도 똑똑히 들려왔다.

"나는 이 사람한테서 아무 죄도 찾지 못하겠다."

빌라도는 말을 더 계속하려는 어조였는데, 군중의 아우성이 그의 마지막 말을 삼켜버렸다. 그 중 한 굵은 음성이 이렇게 말했다.

"그 자는 갈릴리에서부터 허튼소리를 지껄여대기 시작하여 온 유대 지방을 소란하게 한 끝에 여기까지 온 겁니다."

다시 빌라도의 목소리가 들려왔다. 조금 전보다 훨씬 더 자신(自信)과 기대에 차 있는 듯한 빠른 목소리였다.

"이 예수라는 자가, 그럼 갈릴리 사람인가?"

"그렇소, 갈릴리 태생이오."

무리가 목소리를 모아 대답했다.

"틀림없이 갈릴리 사람인가?"

"틀림없어요. 갈릴리 바다에서 그가 어부들과 고기 잡는 것을 보았습니다. 거기서 무식한 어부들을 꾀어 그 아비와 가정을 모두 버리게까지 했지요. 그건 갈릴리 지방에 가면 어린아이까지도 알고 있는 사실입니다."

"그가 어부들을 꾀어냈든, 그들과 함께 고기를 잡았든, 내가 알 바는 아니지. 다만 나는 그가 갈릴리 사람이란 것만 알면 되니까!"

빌라도가 다시 내게로 다가왔다. 와서는 아주 홀가분한 표정으로 이렇게 말하는 것이었다.

"네가 갈릴리 태생이요, 지금도 갈릴리 사람이라는 걸 왜 처음부터 몰랐는지 모르겠군. 하긴 저 성급한 놈들이 내게 그런 건 따져볼 만한 틈조차 주지 않았지만. 자, 이제 작별이다. 갈릴리에서 일어난 사건을 다스려야 할 분이 따로 계시니까. 그 분께로 가거라!"

나는 그가 누구를 두고 말하는 것인지 알고 있었다. 유대의 분봉왕 헤로데 안디바에게 나를 넘기기로 했던 것이다.

무리가 나를 에워싸고 헤로데의 처소로 몰려갔다.

헤로데는 이미 늙은이였지만, 혈색 좋은 얼굴을 하고 있었다. 그가 호기심에 번들거리는 눈으로 나를 바라보았다.

"마침내……"

그는 입을 열다 말고 물끄러미 나와 나를 둘러싼 사람들을 내려다보았다.

신기한 물건을 앞에 둔 어린아이처럼, 두툼한 입술 사이로 가지런한 치열을 조금 드러낸 채 두 눈알을 이리저리 굴리고 있었다. 무리가 조금 웅성거릴 기세를 보이자 그는 한쪽 팔을 들면서 말을 마저 했다.

"만났구나!"

그가 입을 다물자 무리가 떠들어대기 시작했다. 그러나 그는 그들의 말에 아무 흥미도 없는 듯한 얼굴로 뒷짐 결박을 당한 나를 뚫어지게 바라보는 것이었다.

그가 시종들에게 내 결박을 풀 것을 명령했다. 그리고 어떤 기대와 호기심이 섞인 들뜬 목소리로 내게 말했다.

"너를 만나고 싶었다. 그러나 이렇게 만날 줄은 몰랐지. 어쨌든 굉장한 기적을 일으키며 돌아다닌다는 소문을 일찍부터 듣고 있었다. 문둥이도 성하게 만들어주었다고? 소경 눈뜨게 하기, 앉은뱅이 일어나게 하기, 귀머거리 듣게 하기…… 별별 기적이 다 있었다더군. 정말인가? 그게 모두 정말인가?"

그는 숨을 쉬기 위해 잠시 말을 끊었다가 다시 계속했다.

"내게, 그걸 모두 보여줄 수 없나? 바다 위를 걸었다는 소문도 들었는데, 지금도 물론 물 위를 걸을 수 있겠지? 그리고 베다니아인가 어디서는 죽은 사람을 살렸다던데, 그게 정말인가? 그 모든 기적을 내게 보여줄 수 있나? 아니, 그것 모두를 보여줄 것까지는 없어. 아무 기적이나 하나만 보여줘도 만족하겠네. 난 욕심꾸러기가 아니니까. 그러잖아도 너를 만나고 싶었는데, 정말 잘 만났다! 소문을 듣자니 너는 기적을 베푸는 일에 그리 까다롭지도 않다던데……"

입을 다물고, 나는 그의 살진 손등과 그 손이 쓰다듬고 있는 불룩한 배를 바라보았다. 값진 비단옷을 그는 걸치고 있었다. 지상(地上)의 왕이 걸치는 영화로운 비단옷이었다. 그것은 권위를 상징하는 옷이었다. 그 옷을 걸친 자는 다른 사람들의 존경과 숭배를 받기로 언약되어 있는 그런 옷이었다. 그 옷을 걸친 자는 자기의 안전을 위해 다른 사람들의 생명을 빼앗아도 된다고 서로 언약되어 있는 그런 옷이었다. 그 옷 속에는 마찬가지의 육체가 있고, 마찬가지의 피가 돌고 있지만, 그러나 그 육체와 피를 보존하기 위해서는 다른 생명들을 파멸시켜도 된다고 처음부터 언약되어 있는 그런 옷이었다. 그의 불룩한 배가 그 비단옷 속에서 쉬지 않고 숨을 쉬고 있었다. 언젠가 저 옷은 그대로 남고, 속의 배는 썩을 것이라고 나는 생각했다. 그러면 또 다른 배가 그 옷 속에서 숨을 쉴 것이다. 그것은 시간을 거슬러 올라가도 마찬가지일 것이다. 저기 저 뚱뚱한 배가 있기 전에도 또 다른 기름진 배가 같은 옷 속에서 불룩거리고 있었을 것이다.

헤로데는 변함없이 헤로데로 이어지는 것이다. 나

는 눈을 들어 그의 얼굴을 바라보았다. 여전히 호기심이 넘치는 두 눈이 나를 향해 번들거리며 빛나고 있었다. 나는 한 번도 육안으로 본 적은 없지만, 내 머릿속에 생생하게 살아 있는 한 얼굴을 떠올렸다. 그리고 그 얼굴은 바로 눈앞의 헤로데 안디바 얼굴 위에 알맞은 가면처럼 씌워졌던 것이다.

헤로데 대왕이라고 불리는 그 사람을 나는 잊을 수가 없다.

누구에게나 출생기(出生記)라는 것이 있다. 그것은 으레 약간의 신비와 즐거움으로 착색되곤 한다. 생명이 태어난다는 것 자체가 신비요 즐거움이기 때문일 것이다.

내게도 출생기가 있다. 그리고 그것은 신비스럽고 아름다운 꿈 이야기로 시작된다. 내 어머니가 꿈속에서 하늘의 천사들을 만난 것이다. 꿈 이야기는 내 출생기를 처음부터 꿰뚫고 있다.

내 어머니는 꿈속에서 만난 천사의 말대로 나를 잉태했고, 내 아버지는 꿈속에서 만난 천사의 말대로 가족을 피난시켜 죽음을 면하게 했고, 나를 축하하려고 찾아왔던 동방의 박사들은 꿈속에서 천사의 지시를 받고 헤로데 대왕의 간사한 계략에 이용당하지 않을 수 있었다.

나는, 처음 이 땅에 와서 등을 대고 누웠던 그 구유통을 기억하고 있다. 그곳은 참으로 안락한 곳이었다. 무엇보다도 그곳은 인간들의 자리가 아니기 때문이었을 것이다. 내 출생을 맨 처음 축하해 주러 온 것은 들에서 양을 치는 목자들이었다. 그들은 하늘에서 천사들의 노래 소리를 듣고 나를 찾아왔다고 했다. 그들은 너무 급히 달려오느라고 아무 선물도 마련하지 못했다고 내 부모에게 송구스러워하면서 말했다.

목자들이 돌아가고 나서, 잘생긴 얼굴을 한 세 사람이 나를 찾아왔다. 그들은 동방에서 별을 연구하는 학자들이었다. 그런데 이상한 별이 나타나 그 이상한 별을 따라 이곳까지 오게 된 것이라고 그들은 설명했다. 그러고는 내게 값진 선물들을 주었다.

그들은 헤로데 대왕에게로 돌아가야 한다고 내 부모에게 말했다.

"헤로데에게요?"

어머니가 겁에 질린 목소리로 물었다.

"약속을 했습니다. 우리가 아기 계신 곳을 찾는 대로 돌아가 가르쳐드리기로 말입니다. 왕께서도 아기를 뵙고자 하더군요."

"무엇 때문에?"

아버지가 성급하게 물었다.

"새로 태어난 메시아에게 인사를 드려야겠다고 하더군요. 꼭 만나뵈어야 할 것같이 말했습니다. 그는, 우리들을 아무도 모르게 불러서 만났고, 우리 또한 비밀로 그와 약속을 한 것입니다. 어찌된 영문인지 그는 자기의 부하들까지도 믿지 못하는 눈치였습니다."

"그 늙은 여우같은 놈!"

아버지가 입 속으로 중얼거렸다.

"인사는 무슨 인사요? 축하 선물 대신, 그놈은 피묻은 칼을 들고 달려오겠지."

그날 밤, 천사들이 우리 꿈에 나타났다. 그들은 내 아버지에게는 아가와 아내를 데리고 멀리 이집트로 피난을 가라고 일러주었고, 동방 박사들에게는 헤로데를 만나지 말고 다른 길로 돌아가라고 일러주었다. 그렇게 되어, 나는 태어나자마자 멀리 달아나지 않으면 안 되었다. 우리의 등뒤에는 무서운 헤로데가 눈에 불을 켜고 따라오는 것 같았다.

내가 태어났던 그 마을의 두 살 이하 사내 아이들이 모두 헤로데의 손에 무참하게 학살되었다는 소문이 들려온 것은 그로부터 얼마 지나지 않은 때였다. 그 학살 사건은 어린 시절 내 가슴에 참을 수 없는 고통을 안겨주었다. 내 부모가 나를 데리고 도망치지만 않았더라면, 그들 죄 없는 아이들은 죽지 않았을 것이다. 나 한 몸 살기 위해 애꿎은 수없는 생명들이 희생되어야만 했다는 사실은, 내가 잘 아는 알베르 카뮈의 말대로, 내 평생의 짐이 되었다. 그러나 나는 그 아픔을 한 번도 밖으로 드러내지는 않았다. 그것은 내가 스스로 삭여야 할 숙명의 응어리였기 때문이다.

나는 그 일을 회상할 때마다 괴로웠다. 그것을 괴로워하는 것이 내가 할 수 있는 최선의 일이기나 한 듯, 나는 괴로워했다. 나는 애꿎은 어린 생명들에 대해서뿐만 아니라, 풀잎의 이슬 같은 지상의 영화와 권좌를 위하여서 그 어떤 폭력도 행사하기를 꺼리지 않는 늙은 헤로데에 대하여도 아픔을 느꼈다. 죽는 자나 죽이는 자, 눌림받는 자나 누르는 자, 불안한 자나 불안하게 하는 자가 모두 내 아픔의 대상이 되었다. 그들을 위해 슬퍼하고, 그들을 위해 아파하고, 그들을 위해 내 생명을 내어주는 일밖에 내가 할 일이란 아무것도 없을 것 같았다. 시간이 흐를수록 내 괴로움은 나 대신 죽은 저 어린 생명들보다, 다른 모든 인간의 고통을 제물로 삼고도 끝내 실패의 길을 걷고 만 늙은 헤로데에게로 쏠리는 것을 나는 깨달았다. 나는 우주를 껴안지 않으면 안 되었다. 그 우주 안에는 온갖 아름다움과 온갖 추함이 함께 소용돌이치며 돌고 있었다.

자기 아내 마리암네를 비롯하여 세 아들까지도 죽여야만 했던 그 기름진 얼굴의 헤로데가 수십 명 어린 생명을 죽인 것쯤은 사실, 아무런 이야깃거리도 되지 않는 일이었는지 모른다. 그러나 수십 명의 무고한 어린 생명이 죽어가는 게 아무런 이야깃거리도 되지 않을 수 있는 그런 세상이 바로 내가 태어난 세상이었다. 나는 그런 세상에 태어난 것이다. 내 '아버지'는 나를 그런 세상으로 보낸 것이다.

한 번도 육안으로 본 적은 없지만, 늙은 헤로데의 얼굴은 그 누구의 얼굴보다 뚜렷하게 내 머릿속에 박혀 있었다. 그것은 내가 대항해 싸워야 할 악의 얼굴이었고, 내가 위하여 죽어야 할 죄인의 얼굴이었고, 내가 모든 힘을 다해 사랑해야 할 이 세계의 얼굴이었기 때문이다.

"기적을 한번 보여주게."

헤로데 안디바가 계속해서 내게 졸랐다. 그러나 나는 입을 다문 채 아무 말도 하지 않았다.

"그렇게 아무 말도 하지 않는 것이 네 대답이냐?"

그가 조금 신경질적이 되어 말했다. 그 표현은 맞았다. 나는 그들과 아까부터 대화를 하고 있었던 것이다. 그들은 아우성과 조롱으로 내게 말을 걸어왔고, 거기에 나는 침묵의 소리로 대답을 했다. 그들의 언성은 점점 높아졌다. 그들은 마치 심술 사나운 고양이가 날개 부러진 작은 새를 가운데 두고 으르렁거리듯 나를 향해 조롱과 욕설을 퍼부어댔다.

"이 자는 사기꾼이다. 그가 기적을 베풀다니!"

"나자렛의 목수 아들이라는 걸 뻔히 알고 있는데, 자기가 하늘의 아들이라고 큰소리치는 걸 나는 봤어."

"대왕께서 시작하셔서 아직도 짓고 있는 저 성전을 허물어버리고 사흘 만에 다시 짓겠다고도 했어."

헤로데가 눈을 번들거리며 무리의 말에 참견하고 나섰다.

"성전을 허물고는 사흘 만에 다시 짓겠다고? 흠! 그거야말로 기적 중의 기적이지. 여보게, 어디 당장 그렇게 좀 해보일 수 없겠나?"

나는 아무 말도 하지 않았다. 헤로데는 내 침묵에 그만 불안해진 기색이었다. 나는 그의 살진 손가락을 바라보았다. 그것은 조금도 가만히 있지 못하고 방황하고 있었다. 그렇다. 그때도 그랬을 것이다. 세례 요한을 투옥시키고 났을 때, 저 손가락은 역시 방황하고 있었을 것이다. 그의 목을 잘라 요염한 살로메에게 주었을 때 저 손가락은 역시 불안해 하고 있었을 것이다.

헤로데 안디바는 불안의 인간이었다. 그는 요한의 인기를 두려워했고 동시에 자기 자리의 안정을 우려하고 있었다는, 역사가 요세푸스의 기록은 정확한 보고일 것이다.

그가 붉은 겉옷을 한 벌 가져오게 했다. 그 붉은 옷을 내게 입히도록 명령했다.

"하늘의 아드님이시라니 홍포를 입혀드려야지!" 그가 나를 비웃었다. 무리가 손뼉을 치면서 따라 웃었다. 누군가 내 앞에 넙죽 엎드리며 상전에게 하듯 길고 음흉한 목청으로 나를 불렀다. 다른 누군가가 그의 엉덩이를 걷어찼다. 사람들은 더욱 큰 소리로 웃어댔다.

"자, 총독에게 가서 일러라. 나로서도 어쩔 수가 없노라고."

짧막하게 말하고 나서 늙은 헤로데는 내게 등을 돌리고 사라져갔다. 사람들은 풀어주었던 결박을 다

시 동여매고 호화스러운 홍포를 입힌 채 나를 다시
빌라도에게 끌고 갔다.

2

소리가 이긴지라

"결국, 헤로데도 네 결백을 인정한 셈인가?"

빌라도가 초조한 어조로 말을 계속했다.

"나도 네 결백을 인정한다. 너는 아무 잘못도 저지르지 않았어. 나는 그걸 알지. 아니, 저 길바닥에서 떠들어대는 녀석들도 네 결백을 알고 있는 게 분명해. 저 소리들 좀 들어봐. 이젠 발악을 하는군!"

군중은 소리를 지르고 있었다. 헤로데의 궁전으로부터 빌라도가 있는 이 관저에까지 이르는 동안 줄곧 내 뒤를 따라온 그 무리들이 틀림없었다. 빌라도의 말대로, 그들은 발악에 가까운 소리로 내 사형을 청원하고 있었다.

"저 녀석들은 너를 무서워하는구나."

빌라도가 비웃는 듯한 시선을 발코니 아래로 던지며 말했다.

"자, 난 이제 다시 한 번 네 무죄를 저 녀석들에게 증언할 참이다. 너는 정치범이 아니야, 왕도 아니고. 난 알고 있지. 저들은 자네가 대중의 인기를 모으고 있는 게 샘난 거야. 벌레 같은 놈들."

빌라도가 뜰로 내려가자, 텅빈 방 안에 나 혼자 남게 되었다. 나는 둥근 기둥 사이로 하늘을 올려다보았다. 푸른 하늘에 한 조각 흰 구름이 한가하게 떠 있었다. 때는 청명한 오전, 구름은 흐르지도 않고 가만히 공중에 떠 있었다.

그때, 언젠가 황폐한 광야에서 보았던 한 송이 들장미가 내 망막에 피어올랐다. 그것은 이름도 알 수 없는 골짜기에서, 못생긴 바위 틈에서, 흔적도 없이 피었다가 지는 그런 들장미였다. 그 꽃은 지금 이 순간에도 그 비슷한 장소에 피어 있을 것이었다. 누가 아는가? 그곳에 꽃이 피어 있는지를. 누가 찬양해 주는가? 그 보잘것없는 들장미가 망망한 대지 위에 뿜어내는 향기를. 그리하여, 흔적도 없이 사라져버리는 그 향기를.

아무도 모르는 것이다.

그래도 꽃은 핀다.

피었다가 진다.

졌다가 다시 핀다.

나는 근원을 알 수 없는 세찬 힘이 내 심장을 불태우고 있는 것을 느꼈다. 한 송이 이름 없는 들꽃으로 필 때 인간은 영원히 숭고하다.

얼마 후, 빌라도는 얼굴이 상기되어 들어왔다. 나는 그가 군중과 그 군중에 둘러싸인 대제사장과 의회원 들(산헤드린)에게 내 결백을 어줍게 변호하는 모습을 순간적으로 그려보았다. 그것은 한 편의 짧은 코미디였을 것이었다.

"놈들은 깡패야!"

빌라도가 화를 내면서 말했다.

"도무지 네 결백을 용납하지 않는군. 모두들 목소리를 모아 '예수를 십자가에' 라고만 외쳐대고 있어. 단단한 갑옷으로 얼굴을 가린 괴물처럼."

빌라도는 넓은 방 안을 오락가락하면서 나와 창밖을 번갈아 바라보았다. 그러다가 갑자기 멈춰서더니 환하게 웃으면서 내게 다가왔다.

"좋은 수가 생겼다. 명절 때마다 죄수 하나를 놓아주는 일이 있지. 너를 놓아주겠다. 그렇지! 그런 수가 있었군!"

빌라도는 어린아이처럼 즐거워하며 손뼉을 쳤다.

"물론 백성들이 원하는 죄수를 놓아주기로 되어 있지만, 놈들에게 너를 요구하도록 만들면 되는 거야."

그는 시종들에게 옥(獄)에서 바라빠를 끌어내어

오도록 명령을 했다. 그리고 문밖으로 나갔다. 발코
니에서 아래쪽에 대고 소리지르는 그의 말이 똑똑히
들려왔다.

"유월절을 맞아 전례대로 너희가 원하는 죄수를
놓아주겠다. 누구를 놓아주랴? 바라빠인가, 예수
인가? 살인범 바라빠인가, 메시아라고 하는 예수인
가? 하나를 선택하라!"

군중은 조용해졌다.

빌라도가 의기양양한 얼굴로 돌아왔다. 그는 내
얼굴을 바라보면서, 작은 들짐승처럼 방 안을 오락
가락했다.

"설마, 그 흉한 살인범을 원하지는 않겠지. 그렇지
않은가? 너는 단순히 시기(猜忌) 때문에 고소당한
것일 뿐이거든. 나는 결백한 네가 십자가에 죽는다
는 것은 부당한 일이라고 믿는다. 잘될 거야! 놈들도
어쩔 수 없을 테니까."

더러운 옷을 입은 바라빠가 눈알을 차갑게 빛내며

끌려왔다. 빌라도는 나와 바라빠를 나란히 이끌고 발코니로 나갔다. 해맑은 아침 햇빛이 대리석 위에서 튀어오르고 있었다. 바라빠는 눈이 부신 듯 내 등 뒤에서 고개를 숙였다.

"자, 분명히 말해라. 바라빠인가, 예수인가?"

빌라도의 말이 끝나기도 전에 군중의 응답이 들려왔다. 웅장한 코러스처럼, 그들의 정돈된 목소리가 관저의 안팎을 울렸다.

예수를 십자가에
예수를 십자가에

"누구를 원하는가?"

얼굴을 붉히며 빌라도가 외쳤다. 다시 군중의 소리가 울렸다. 한결같은 목소리였다.

예수를 십자가에

예수를 십자가에

목소리에 압도되어 빌라도는 도망치듯 방 안으로 들어갔다. 군중은 더욱 크게 외치기 시작했다.

예수를 십자가에
예수를 십자가에

일사불란한 목소리의 아성(牙城)은 좀처럼 무너질 것 같지 않았다.

그렇다. 그것은 깨어지지 않는다. 금강석보다도 단단하다. 모든 것을 깨뜨릴 수 있다. 나라[國家]까지도 절반으로 쪼갠다.

산헤드린의 속셈을 빌라도는 몰랐던 것이다. 그들은 민중의 지도자였다. 그들은 자기네 주장이 민중의 눈앞에서 꺾여지는 것을 참고 견딜 수 없었다. 예수를 죽이기 위해서라면, 그들은 모든 것을 할 용의가 있는 자들이었다. 그들은 민중이 바라빠가 아니라 예수를 살려달라고 청원하면, 모든 것이 수포로 돌아갈 것임을 알아차리고 마침내 최후의 수단을 쓰기로 했다. 그들은 민중을 선동했다. 민중을 선동했다는 죄목으로 고소당한 한 사람의 무고한 생명을 빼앗기 위해서 민중을 선동했다.

지도자들이 민중을 선동하기 시작하면 역사는 종장에 가깝고, 서둘러서 새 역사 창조를 준비해야 할 것임을 알 일이다. 지도자들의 말〔言語〕이 민중의 목청을 통해 그대로 울려나올 때, 사람들은 앉았던 자리를 정리하고 일어설 일이다. 지도자들이 '민중의 소리'라는 전가(傳家)의 보도(寶刀)를 휘두를 때, 그 앞에 선다는 것은 참으로 무모한 짓이다.

깨어지지 않기 위해 우리는 물러서야 한다. 잘라지지 않기 위해 승부를 포기할 의무가 있는 것이다.

나는 솔로몬 왕의 현명한 재판을 기억한다. 역사

는 그 재판의 연속일지도 모른다. 가짜 어머니는 칼로 아이를 반쪽 내는 한이 있더라도 자기 주장을 포기하지 않는다. 이 아이는 내 아이라고 한 거짓말을 무너뜨리지 않기 위해 서슴없이 아이를 죽이겠다는 것이다. 그러나 진짜 어머니는 아이를 살리기 위해서라면, 그 아이가 내 아이라는 진실까지도 포기해 버린다.

진리를 가운데 두고 인간들은 재판을 계속해 오고 있다. 신(神)을 가운데 두고 인간들은 소송을 멈추지 않는다.

진리는 우리 편이다, 신은 우리 편이다─라고 그들은 끝없이 반복한다.

칼을 빼어 절단을 내어서라도 '진리'를 독차지하겠다는 자에게는 그 '진리'를 송두리째 내어줄 일이다. 톱으로 잘라서라도 '신'을 우리 편으로 만들어야겠다는 자에게는 그 '신'을 송두리째 내어줄 일이다. 진리는 곧 칼이 되고, 신은 곧 불이 되어 그들을 심판할 것이다.

역사의 배후에 현명한 솔로몬이 최후의 재판관으로 앉아 있음을 나는 믿는다. 그것은 신앙이다. 증명할 수 없는 대신, 그것은 나로 하여금 세상을 이기게 하는 힘이다.

자기 이름을 군중이 부르고 있는 것을 알고, 바라빠는 어리둥절한 표정을 지었다. 그의 얼음처럼 차가운 눈동자에 작은 파문이 일고 있는 것을 나는 보았다.

그는 쏟아지는 햇살 아래서 눈을 가늘게 뜨고 아우성치는 군중을 내려다보았다. 그들 가운데서 알고 있는 얼굴을 찾은 듯, 뭐라고 중얼거리면서 한 손을 흔들었다.

"바라빠, 바라빠!"

군중이 한 목소리로 그의 이름을 불러대었다.

발작하는 듯한 몸짓으로 빌라도가 뛰쳐나온 것은

그때였다. 그가 바라빠와 내 중간으로 끼여들면서 이렇게 말했다.

"왜? 도대체 무엇 때문에 죄 없는 이 사내를 죽이라는 건가? 헤로데도 그의 죄를 찾지 못했는데……왜?"

군중은 곧 대답했다. 내용은 한결같았고, 소리만 조금 더 거칠어졌을 뿐이었다.

바라빠, 바라빠,
예수를 십자가에

빌라도가 낯을 찡그리고 서서 군졸에게 명했다.
"바라빠를 풀어주어라!"

자유의 몸이 된 바라빠가 비틀거리면서 발코니를 내려가 아우성치는 군중 속으로 빨려 들어갔다.

"들개 같은 녀석들."
빌라도가 투덜거렸다.

"놈들은 귀머거리에다 목청만 남았어. 남의 말을 듣지 않고 제 소리만 해댄단 말이야! 나보고 어쩌란 말이지?"

그가 다시 목청을 돋구어 군중을 향해 소리질렀다.

"너희들의 원대로 바라빠를 놓아주었다. 너희들의 원대로!"

그러고는 돌아서서 시종에게 명령을 내렸다.

"물을 떠오너라."

빌라도는 군중 앞에서 자기의 하얗고 살이 찐 손을 물로 씻었다. 씻으면서 말했다.

"이 죄 없는 사람이 흘리는 피에 나는 상관없다. 나는 결백해. 너희들이 피 값을 받을 일이다."

그러자 군중이 대답했다.

"그가 흘린 피의 값은 우리가 지겠소. 우리가 다 못 지면 우리 자손들이 지겠소."

나는 참으로 슬퍼졌다. 군중이 왜 내 피에 대한 값을 치러야 하는가? 나는, 내 피에 대한 값을 나와 마찬가지로 무고(無辜)한 저들 군중에게 나누어주려고 십자가를 지는 것인가?

나는 속에서 치밀어오르는 군중들에 대한 연민과 함께, 그 군중들 속에 끼어 그들의 고삐를 잡고 이리저리 조종하는 대제사장과 의회원 들에 대한 분노를 스스로 제어하기 위해 많이 애쓰지 않으면 안 되었다.

나는 역사의 흐름이 그런 무리들에 의해 혼탁해지고 있음에 아픔을 느낀다. 소수의 무리가 내쫓기고 있는 무대의 광경은 항상 계속되고 있다. 진리의 이름으로 진리가 매도되고, 질서의 이름으로 질서가 유린되고, 양심의 이름으로 양심이 억눌린다. 폭력 진압의 이름으로 폭력이 탄생하고, 내란 방지의 이름으로 내란이 비호받고, 부정 근절의 이름으로 부정이 조작된다.

빌라도는 폭동이 일어날 것 같은 관저 밖의 분위기에 압도되고 말았다. 아무도 그를 탓하지 말았으

면 한다. 나도 그를 탓하지 않는다. 그와 헤어지게
되었을 때 나는 마음속으로 그를 위로해 주고 싶었
다.

"나를 당신에게 끌고 온 자들이 더 큰 잘못을 저지
르고 있는 것입니다."

이렇게 나는 말했다. 그것은 진심이었다.

그는 한 재판관으로서 최선을 다 한 셈이었다. 그
는 폭동을 일으키려고 으르렁거리는 흥분한 군중 앞
에서 세 번이나 나의 무고함을 변호했다. 자신의 판
단이 식민지 야만인들에게 무참하게 짓밟히는 괴로
움도 겪어야 했다.

인간의 재판에서 하늘의 공평을 기대한다는 것은
처음부터 무리다. 더구나 지도자의 속셈이 민중의
입을 통해 발언되는 상황에서 재판의 독립을 기대한
다는 것은 피차 힘든 일이다.

나는 고소당해 재판을 받았다. 그러나 나를 심판
한 것은 빌라도가 아니었다. 나에게 언도를 내린 것

은 빌라도가 아니라 민중이었다. 민중이 아니라 민중을 선동한 산헤드린이었다. 그러나 산헤드린도 아니었다. 그것은 신이었다. 나는, 나를 보내신 '아버지' 의 심판에 의해 사형을 언도받았다―고 믿는다. 나를 심판할 분은 그분밖에 없기 때문이다.

  최종 심판자는 역사 뒤에 숨어 있는 '솔로몬' 이다. 나는 그를 믿는다. 진리를 무너뜨릴 수 없어 스스로 승부를 포기해 버리는 자에게 승소 판결을 내리는, 그를 나는 믿는다. '나라' 를 사랑하기 때문에, 칼을 든 상대방에게 송두리째 뺏겨주는 자에게 영원한 '나라' 를 부여하는 그를 나는 믿는다. 생명이 귀하기 때문에, 생명을 뺏기는 자에게 영원한 생명을 주는, 그를 나는 믿는다. 자유가 없으면 살 수 없기 때문에, 그 자유를 송두리째 넘겨주는 자에게 영원한 자유를 주는, 그 최후의 현명한 심판자를 나는 믿는다.

빌라도는 마지막으로 한 번 더 구출 작업을 시도해 보았는데, 그것은 내게도 참으로 괴로운 일이었다. 그는 어설픈 심리학자가 되어, 군중의 감정에 호소해 보려고 했다. 그는 나를 군인들에게 내주어 매를 맞게 했다. 내 옷은 벗겨졌으며 등에 채찍이 떨어졌다. 뱀의 혓바닥처럼 가죽 채찍이 내 피부를 헤치고 붉은 피를 빨았다. 어떤 군인들은 가시나무로 관(冠)을 만들어 내 머리에 씌웠다. 단단한 가시들이 내 이마와 뒤통수를 뚫고 들어와 소름끼치는 고통을 안겨주었다.

한 군인이 피를 흘리고 서 있는 내 알몸 앞에 넙죽 엎디어 절을 했다. 그리고 커다란 목청으로 나를 조롱하기 시작했다. 군중들이 술렁거리기 시작했다. 빌라도는 그들이 처참한 내 모습을 보고 불쌍한 마음이 들어 사면(赦免)을 요청하리라 생각하고 내 몸을 그들이 잘 볼 수 있는 곳에 내놓았다. 그러나 그의 예측은 빗나갔다. 군중은 한층 더 거세게 내 사형을 재촉했다.

"그렇다면 별수없다!"

빌라도가 경멸하는 눈으로 무리를 내려다보며 말했다.

"난 모르겠으니, 너희 법대로 처리해라."

제관 가운데 한 사람이 말했다.

"우리 법에 의해도 그는 사형될 만한 자요. 그는 자기가 '하느님의 아들'이라고 했단 말이오."

"하느님의 아들이라고?"

빌라도가 내 얼굴을 빤히 바라보았다. 자기가 잘 아는 어떤 신의 아들이 자기 앞에 매를 맞고 서 있는 게 아닌가 하는 생각으로 당황한 눈치였다. 나를 방 안으로 데리고 들어가서 그가 물었다.

"네가 하느님의 아들이라고? 정말인가? 너는 어디서 왔느냐?"

나는 아무 말도 하지 않았다.

"여전히 말을 하지 않는군! 내가 너를 살릴 수도

있고, 죽일 수도 있는 걸 모르느냐?"

나는 그의 두 눈을 똑바로 보았다. 그리고 이렇게 말했다.

"당신이 나를 죽일 수도 있고, 살릴 수도 있는 권한을 가진 건 옳소. 사실이오. 그러나 그 권한이 어디서 왔는지를 생각해 보시오. 하느님이 주시지 않았으면 그 권한이 어디서 왔겠는가."

그리고, 나는 계속해서 말했다.

"나를 당신에게 보낸 자들의 죄가 당신의 죄보다 큽니다."

그들은 모든 권세가 누구에게서 왔는지, 또한 자기네의 권세가 올바로 쓰여지고 있는지를 당신보다 더욱 잘 알고 있기 때문이라고 설명하고 싶었지만, 밖에서 들려오는 군중의 성난 소리에 빌라도와 나는 함께 묻혀버리고 말았다. 그 소리는 새로운 내용을 담고 있었다.

"우리에게 왕은 가이사뿐이오. 가이사 말고 다른

왕은 없소!"

그렇다. 모든 것은 순식간에 곤두박질하기 시작했다. '가이사'라는 이름이 나오자 빌라도는 서둘러 나를 군중에게 내어놓았고, 나는 곧 정치범이 되어 십자가를 어깨에 짊어졌다. 아직 때는 오전, 눈부신 햇살이 군중의 '소리'와 어울려 죽음의 춤을 추고 있었다.

정치범

그렇다. 나는 결국 정치범이(되)었던 것이다.

내 죽음이 정치범으로서의 죽음이었나, 아니면 하나의 종교적 순교였는가, 또는 다른 무엇이었는가에 많은 사람들이 관심을 갖고 있음을 나는 알고 있다. 그리고 또한 그들이 자기 주장을 옹호하기 위하여 내 생애, 특히 죽음을 앞두고 여러 층의 사람들과 가졌던 매우 긴박했던 관계들을 세밀하게 조사하고 있다는 것도 알고 있다. 그러나 나는 그들의 면밀한 조사와 비교 들이 도대체 무엇을 알아낼 수 있을 것인가에 대하여 근본적으로 회의한다. 그들이 쌓아올린

학문적인 모든 결실을 부정하는 것은 아니다. 그러나 나는 내 생애가 나와 수천 년의 시·공간적 격차를 두고 살고 있는 어떤 이들에 의하여 과연 그 무엇인가로 규정지어질 수 있겠는가를 의심하는 것이다.

한 인간의 '역사적 실제'를 추구한다는 것이 과연 가능한 일인가에 대하여 비로소 회의를 갖게 된 것은 오랜 세월 그것에 대한 추구가 시도된 이후의 일이었다.

왜 그들은, 내 죽음이 하나의 혁명가로서 군정(軍政) 아래에서 당해야 했던 정치범으로서의 죽음이었다고 주장하는 일에 그토록 지나치게 열심인지 모르겠다. 그런가 하면, 어째서 다른 이들은 내 죽음이 정치범으로서의 죽음이란 주장은 말도 안 되는 소리고, 모든 인류의 죄를 대신 지고 간 속죄양으로서의 죽음이었다는 점을 그토록 강하게 부각시키려고 애를 쓰는지 모르겠다.

"나는 혁명가다. 그러므로, 예수는 혁명가여야

한다."

이러한 전제가 어떤 형태로든 내 죽음을 정치적 죽음으로 해석하고자 하는 이들의 마음에 잠재해 있는 것은 아닐는지.

"교회는 정치와 분리돼야 한다. 그러므로, 예수의 죽음이 정치적 성격을 띤다고 말하는 것은 어불성설(語不成說)이다."

이러한 전제가 내 죽음을 정치적으로 보려는 시도에 신경질적으로 반응하는 이들 속에 잠재해 있는 것은 아닐까?

나는, 내 생애가 어떤 다른 사람의 손에 의해 착색되는 것을 이 세상에 살았던 모든 생명 있는 자들과 마찬가지로 환영할 수가 없다. 또한 착색되지도 않으리라고 나는 확신한다. 십자가 위에서 당한 죽음도 마찬가지다.

나는 사람들과 '마음'으로 만나고 싶다. 하나의 '정치범'이 아니라, 나름대로 자기를 보내신 이의

뜻을 이루려다가 숨이 진 '인간'으로 그들과 만나고
싶다. 오, 그러나 나는 나를 정치범으로 생각하고자
하는 이들에게 반대하지 않는다. 나는 그들을 위해
얼마든지 되풀이해서 '정치범'이 될 수 있다. 그렇
다. 나는 정치범이 되어줄 수가 있는 것이다.

　그것은 처음부터 그랬다.

　율법학자들과 바리새파 사람들이 나를 죽이려고
생각한 것은 사실 '정치'와는 전혀 관계없다고 보아
야 할 사건이 있은 뒤였던 것이다.

　어느 날, 나는 회당에 들어가 사람들과 이야기를
나누고 있었다. 그날은 안식일이었다. 모든 인간을
위하여 만들어진 날, 그러나 지금은 모든 인간을 노
예로 삼은, 그리하여 모든 인간이 그날을 위하여 살
고 있는 안식일이었다.

　나는 안식일을 부인하지 않는다. 그것이 제정된
것은 아버지의 선하신 뜻이기 때문이다. 그러나 안

식일 아닌 것이 안식일 행세를 하는 것에는 언제까지나 거부할 것이다. 모든 자유하는 인간들이여, 그대의 어깨 위에는 안식일이라는 멍에가 메어져 있지 않는가? 벗어버려라, 부숴버려라, 그런 일에 혁명적이기를 주저하지 말아라.

나는, 나를 찾아 교회에 나오는 청년들이 오히려 솔직함을 잃어버리고 있는 현상을 볼 때 안타깝기 한이 없다. 나는 그들이 교회 안에 들어갈수록 눈에 띄지 않게 속박되어 가고 있는 사실이 또한 안타깝다. 어찌하여 교회는 그들에게 해방의 문이 되는 대신 속박의 울타리가 되고 있는가? 어찌하여 교회가 인간을 위해 있기를 거부하고 인간이 교회를 위해 있기를 이다지도 떳떳하게 요청하는 것인가?

나는 안식일을 깨뜨려 보이기로 작정했다. 그것이 깨어질 수 있다는 사실을 나는 율법학자와 바리새파 사람들에게 똑똑히 보여주고 싶었다.

마침 회당 안에는 오른손 오그라든 사람이 하나

있었다. 그는 율법학자와 바리새파 사람 들의 주목을 받고 있었다. 그들은 그의 오그라든 손을 내가 고쳐주기만 하면 그 순간 나를 고소할 속셈이었던 것이다.

그래서 나는 우선 그 오른손 오그라든 사람을 회당 가운데로 끌어내었다. 모두가 보는 앞에서 당당하게 안식일이라는 이름으로 모든 사람을 억누르고 있는 마귀의—그렇다, 그것은 마귀다—멍에를 부셔버리려는 것이었다.

나는 그를 앞에 세워놓고 율법학자와 바리새파 사람 들에게 말했다.

"당신들에게 한 가지 물어볼 것이 있는데, 율법에 어떻게 하라고 하였습니까? 안식일에 착한 일을 하라고 하였습니까? 악한 일을 하라고 하였습니까? 사람을 살리라고 하였습니까? 죽이라고 하였습니까?"

사람을 살리는 것은, 안식일이라는 종교적 관습에

의해 좌우될 수 있는 무엇이 아니다. 착한 일을 하
는 것은, 어떤 이념에 의해 좌우될 수 있는 무엇이
아니다.

아직도 지구상의 수많은 인간들이 스스로 만들어
놓은 이념(ideology)의 굴레 속에서 종노릇하고 있
다는 사실은, 과연 무엇을 위하여 내가 일생 동안 투
쟁을 했던가를 되돌아보지 않을 수 없게 만들고 있
다. 베트남에서 군인의 수보다 더 많이 죽어간 민간
인의 숫자가 말하는 것은 무엇인가? 얼마나 많은 선
량한 젊은이들이 밭을 갈고 씨를 뿌리고, 그리고 연
애를 해야 할 시절에 황폐한 산야에서 '공산주의'
때문에 죽어갔는가? 지금 또한 얼마나 많은 젊은이
들이 '자본주의'를 수호하기 위해서라는 이름으로
이 지구 위에 피를 뿌리고 있는가? 나는 오른손 오
그라든 사람에게 말했다.

"손을 펴시오."

안식일이었음에도 불구하고, 모든 치료 행위가 금

92

지된 안식일이었음에도 불구하고, 그리고 그것을 생명처럼 지키는 율법학자들과 바리새파 사람들이 잔뜩 주시하고 있음에도 불구하고 오그라들었던 사람의 손은 온전하게 펴졌다. 그 어떠한 종교 아래서도 인간의 오그라든 손은 펴져야 한다. 그 어떤 이념 속에서라도 인간의 감긴 눈은 떠져야 한다. 그 어떤 체제에서라도 인간의 닫힌 입은 열려야 한다.

이것을 위하여 나는 내 일생을 게으르지 않게 보냈다. 이것을 위해 나는 유랑자가 될 수도 있었고, 창녀의 애인이 될 수도 있었고, 그리고 나귀의 등에 탈 수도 있었고, 마침내 이것을 위해 나는 정치범이 될 수도 있었다.

율법학자와 바리새파 사람 들은 바로 이 사건이 있은 후 나를 죽여버릴 음모를 꾸미기 시작했던 것이다. 그러나 병자를 고쳤다는 명목으로 나를 죽일 수는 없었다. 그것은 그들에게 나를 향해 던질 돌이 없었기 때문은 아니었다. 그 돌을 던질 만한 맹목적인 팔이 없었기 때문도 아니었다. 그들은 많은 사람들이, 억눌림받고 멸시당하는 백성들이 나를 따르고 있음을 잘 알고 있었다. 그렇다. 백성들이 무서워, 어떻게 소란 없이 나를 죽일 수 있을까에 대해 꽤 오랜 시간을 궁리하지 않을 수 없었던 것이다. 그러다가 아마 그들 가운데 누군가 한 가지 묘책을 생각해 냈을 것이다.

십자가. 그렇지, 로마인의 손을 빌리자. 정치범. 어쩔 수 없이 십자가를 져야 할 정치범으로 만들자.

그리하여 나는 정치범이 되었던 것이다. 나는 그들을 향하여, 그리고 아직도 고통받고 있는 모든 사람들을 향하여 정치범이 되었다. 그러나 그 때문에 내가 나 자신을 향하여서까지 정치범이었다고 주장하는 일은, 말하자면 내가 사실 그대로 하나의 정치범이었다고 주장하는 일은 무리라고 생각한다. 그러나 그러한 주장까지도 나는 인정한다. 다만 용납할 수 없는 것은, 그러니까 예수는 체 게바라의 스승이었다고 하는 지나친 억측이다.

체 게바라여, 그것은 당신이 더 잘 알 것이다.
"압제자에 대한 증오가 선행되지 않고 혁명이란 불가능하다"라는 교훈을 나는 가르치지도 배우지도 않았다. 당신이 증오를 품고 쿠바의 밀림으로 들어갈 때, 나는 사랑을 품고 예루살렘으로 들어갔다. 당신이 전차를 타고 콩고와 볼리비아를 누빌 때, 나는 맨발로 걸어서 베싸이다 마을로 들어갔다.
당신을 열렬히 추앙하는 전기 작가 앤드류 싱클레어가 "체 게바라는 그의 온 생애와 죽음을 신의 도움 없이 불쌍하고 비천한 인간들에게 바쳤다"고 기록할 때 내 사랑하는 제자 요한은 모든 인간들, 내가 사랑하고 사랑받던 모든 인간들에게서 소외당하고 있는 나를 이렇게 기록하고 있다.
"당신들이 나를 혼자 버려두고 제각기 자기 갈 곳으로 흩어져 갈 때가 올 것인데 실상 그때는 이미 왔습니다. 그러나 아버지께서 나와 함께 계시기 때문에 나는 혼자 있는 것이 아닙니다."

체 게바라여.

당신은 '인간' 을 사랑했고, 그 때문에 적들을 증오하고 그들을 죽였다. 나도 '인간' 을 사랑했다. 그러나 나는 적들을 죽이는 대신 내 죽음을 택했다.

당신은 훌륭한 의사(醫師)였다. 그러나 개인의 질병을 치료하는 일에서 당신은 손을 떼었다. 나는 의사가 아니었다. 그러나 나는 많은 사람을 질병으로부터 구해 내었다.

나는 다만 당신과 나의 서로 다른 점만을 찾아보려는 것뿐이다.

그리하여, 내가 당신의 스승이라는 주장을 좀더 밝히 부인하려는 것뿐이다. 나는 폭력을 믿지 않는다. 내가 믿는 것은 폭력을 쓰는 자는 폭력으로 망한다는 사실이다.

율법학자들과 바리새파 사람들은 나를 빌라도에

게 데리고 가지 않으면 안 되었다.

그들은 여러 가지 죄목을 생각해 내었다. 민중 선동, 사회 불안 조성, 폭동, 음모 따위가 그들이 내게 붙인 정치적 죄목들이었다.

정치적 죄목.

세상은 모든 인간들로부터 존경받는 고결한 종교적 순교를 허용하지 않는다. 양심 때문에 한 사람의 생명이 죽임을 받는다는 인상을 사람들에게 보여주지 않으려 한다.

가난한 사람들을 사랑하다가 그 때문에 죽임을 당한 인간의 기록을 남기려 하지 않는다. 그리하여 세상은 정치적 죄목이라는 것을 만들어내었다. 십자가를 세우고, 그것으로 시대의 교활한 술책을 감싸려한다. 더러운 강도들과 한자리에서 처형함으로써 더러운 모든 음모를 감추려 한다.

모든 양심을 사랑하는 자여

양심 때문에 괴로운 자여
인간을 사랑하는 자여
인간 때문에 괴로운 자여
네 갈 길은 십자가의 길
자신을 십자가에 못박을 때까지
참된 안식은 없다.
너는 하루아침에
강도가 되고
강간 살인자가 되고
약탈자가 되고
매국노가 되고
세금 포탈자가 되고
그리고 사기꾼이 되어
네 사랑을 가래침으로 보상하는
오, 너의 사랑하는 사람들 속에서
가래침으로 세례를 받으며
죽어가거라.

아침 햇살은 눈부시도록 밝았다. 빌라도가 나를 넘겨주자, 그들은 나를 끌고 좁은 길을 빠져나갔다.

내 머리에 박힌 가시들이 내가 무거운 십자가를 메고 걸음을 옮길 때마다 아프게 찔러왔다.

사람들은 나를 따라오며 욕설을 퍼붓기도 하고, 용감한 어떤 청년들은 바싹 다가와 싯누런 가래침을 뱉기도 했다. 아이들도 따라오고 있었다. 한쪽 손에 보리떡을 들고 먼지와 욕설의 소용돌이 속에서 이리 저리 작은 들쥐처럼 뛰어다니는 어린아이들이 내 가슴을 찢었다. 멀리서 울음 소리가 들렸다. 여자들의 울음 소리였다. 예루살렘의 낮은 지붕들 위에는 우리의 행렬을 말없이 지켜보는 사람들로 가득 차 있었다.

마침내 우리는 해골산에 이르렀다. 해골산에 이르기 전에 내가 만난 한 사람에 대한 이야기를 빼놓을 수가 없다.

십자가는 무거웠다. 벌거벗은 내 어깨를 사정없이

누르고 있었다. 나는 비틀거리다가 몇 번인가 바닥 위에 쓰러지고 말았다. 그때마다 로마 군인의 채찍이 내 육체 위에 떨어졌다.

불쌍한 로마인은 내가 쓰러질 때마다 굶주린 이리처럼 으르렁거렸다. 마침내 나는 크게 한 번 쓰러진 후 사나운 매질에도 일어설 수가 없었다. 군중의 비웃음과 욕설 속에서 나는 눈을 똑바로 뜰 수조차 없었다. 그것은 참으로 벅찬 시련이었다. 한 인간이 죽음의 그림자를 저만큼 앞에 두고, 그리고 그 죽음의 그림자를 자기의 몸 속에 깊숙이 박아 넣어줄 형틀을 메고 간다는 것은 참으로 견디기 힘든 일이었다.

나는 우주가 내 발 밑에서 꿈틀거리는 것을 느꼈다. 길가의 돌멩이들조차 피빛으로 물들어 있었다. 그것들은 분노하고 있었다.

그들의 분노 위를, 한 정치범이 되어, 나는 맨발로 걸었다. 나를 따르던 자들의 오해로 제조된 화살을 온 몸으로 받으며 해골산을 기어오르다가 마침내 쓰러지고 말았던 것이다.

　내게 다시 일어설 기력이 없음을 본 로마 군졸은 마침 시골에서 성 안으로 들어오던 한 흑인을 잡았다. 그리고 그에게 나 대신 십자가를 지고 가라는 명령을 내렸다.

　구레네 지방의 사람이 분명한 그 순박한 시골 사람은 영문도 모르는 채 내가 졌던 십자가를 지고는 오던 길을 돌아가지 않을 수 없었다. 그가 나 대신 십자가를 지고 내 뒤를 따랐다.

　해골산에 이르러 그는 십자가를 내려놓고 내게서 멀어져 갔다. 나는 그의 모습을 두 번 다시 보지 못했다. 그러나 나는 그를 잊을 수가 없다. 그도 나를 잊을 수 없었을 것이다.

　내 형틀이 가운데 세워지고 양옆에 십자가 형틀이 세워졌다. 내 형틀은 그 두 형틀 사이에 위치함으로써 나를 두 죄수의 두목으로 보이게 했다.

나는 살인 강도들의 두목이 되었다. 약탈과 방화를 일삼은 과격한 유대 반란자들 두목이 되어 있었다. 나는 굶주린 이들에게 양식을 주고, 눈먼 자들의 눈을 뜨게 하고, 앉은뱅이를 일으켜세우고, 미친 아이에게서 악마를 내쫓고, 숨진 사람을 되살리고, 절망한 여자에게 희망을 주고, 원수조차 사랑하라고 이야기하고, 제자들의 발을 씻겨주고, 세리들과 식탁을 같이했고, 부자에게 가난한 이들을 위해서 가진 재물을 모두 팔라고 했고, 아이들을 안아주고, 문둥병을 고쳐주고, 하늘 아버지의 사랑을 보여주고, 그리고 귀먹은 사람을 듣게 해주고, 벙어리를 말하게 해주었다. 그래서 결국 나는 살인 강도들의 두목이 되어 정치적 단죄를 받아 죽음의 형틀을 스스로 메고 해골산을 오르게 되었다.

그렇다. 나는 결국 정치범이(되)었다. 그 길밖에, 내가 죽을 다른 길이 없었다.

3

하늘이 잠잠할 때

정오가 되었다. 바람 한 점 불지 않았다. 하늘은 조용했고 태양은 눈부시게 해골산 위를 비추고 있었다. 아무것도 바뀌지 않았다. 모든 것이 여전했다. 언덕 꼭대기에는 형틀을 세울 구덩이 세 개가 파여져 있었다. 그리고 그 주변에 로마 군인과 일꾼 들이 서 있었다. 그들은 무표정하게 나를 바라보았다. 나는 그들 머리 위로 날아가는 참새 한 마리를 보았다. 작은 참새는 폭이 좁은 포물선을 그으며 멀리 서서 구경하고 있는 사람들 쪽으로 사라져갔다. 그 새는 어제 이맘때도 어쩌면 지금과 똑같은 방향으로 저렇게 날아갔을 것이었다. 자연은 내 죽음을 외면하고 있었다. 아무런 애도의 표정도 보여주지 않았다. 우르르 꽝꽝 천둥소리라도 울려줄 만했건만, 하늘은 그렇게도 화창한 것이었다. 그것은 나를 보내신 이의 무거운 침묵이었다.

엔도 슈사쿠(遠藤周作)의 소설 《침묵》에서도 그랬다.

"그건 절대 버릴 수 없지요."

"유감스러운데."

무슨 얘기를 하고 있는지 잘 알 수는 없지만, 파수꾼과 애꾸눈 사나이의 한가로운 얘기가 바람을 타고 들려온다. 한 마리의 파리가 창살 틈으로 날아 들어와 졸음을 재촉하듯 윙윙거리며 신부(神父)의 둘레를 돌기 시작한다. 갑자기 누군가가 안마당을 뛰었다. 묵직하고 둔한 소리가 울렸다. 신부가 창살에 매달렸을 때는, 처형을 끝낸 관리가 날카롭게 번쩍이

는 칼을 거두고 있을 때였다. 애꾸눈 사나이의 시체
는 땅에 엎어져 쓰러져 있었다. 그 다리를 잡고 파수
꾼이, 신자(神者)들이 파놓은 구덩이 쪽으로 천천히
끌고 간다. 그러자 검은 피가 어디까지나 그 시체로
부터 띠처럼 흘러나왔다.

갑자기 찢어지는 듯한 여자의 외침 소리가 옥사
(獄舍) 쪽에서 들렸다. 그 외침 소리는 마치 노래라
도 부르고 있는 듯이 계속되었다. 그 소리가 그치자
주위는 몹시 고요하고, 다만 창살에 매달려 있는 신
부의 손이 경련이라도 일어난 듯 바르르 떨리고 있
었다……

텅빈 안마당에 하이얀 햇빛이 용서 없이 내리쬐고
있다. 대낮의 뜨거운 햇볕 속에, 땅에는 꺼먼 얼룩이
뚜렷이 남아 있었다. 애꾸눈 사나이의 시체에서 흐
른 피다.

아까와 마찬가지로 매미가 계속 울고 있다. 바람
은 없다. 아까와 마찬가지로 한 마리의 파리가 자기

얼굴 주위를 윙윙거리며 날고 있다. 외계(外界)는 조금도 달라지지 않았다. 한 사람의 인간이 죽었다고 하는데도, 조금도 다르지 않았다.

(이런 일이) 신부는 창살을 꼭 잡은 채, 현기증을 일으켰다. (이럴 수가……)

그가 혼란 상태에 빠져 있는 것은 갑자기 일어난 사건 때문이 아니었다. 이해할 수 없는 것은 이 앞마당의 고요함과 매미 소리, 그리고 윙윙거리는 파리 소리였다. 한 인간이 죽었다고 하는데 외계는 마치 아무 일도 없었던 것처럼 조금 전과 조금도 다른 데가 없다. 이런 엉터리 같은 일이 있을 수 있나? 이것이 순교라고 하는 것인가? 왜 당신은 잠자코 있는가? 당신은 지금, 저 애꾸눈 농부가 당신을 위해서 죽었다는 것을 알고 있을 것이다. 그런데도 왜 이런 고요함만 계속되고 있는가? 이 대낮의 고요함, 파리 소리…… 견딜 수가 없다.

해골산의 외계(外界)도 달라진 것은 없었다. 모든 것이 어제와 같았다. 태양은 여전히 눈부셨고 길가의 작은 돌멩이들도 제자리를 지키고 있었다.

아! '아버지'가 마침내 침묵 속으로 돌아가신 것이었다. 아무도 깨뜨릴 수 없는 저 비통하고 어두운 침묵 속으로.

그러나 나는 엔도 슈사쿠의 신부처럼 현기증을 일으키고 쓰러지지는 않았다. 그것은 '아버지'의 침묵이 온 우주를 뒤흔드는 사랑의 오열로 내게 들렸기 때문이다. 그 신음 소리는 인간의 고막이 포착할 수 있는 진동의 폭을 훨씬 넘는 것이었다. 그러기에 그것은 차라리 고요, 그것이었던 것이다.

나는 1943년 스탈린그라드 전투가 한참 치열할 때, 함부르크의 성 미카엘 교회에서 나치즘을 반대하던 젊은 목사 헬무트 틸리케가 했던 설교의 한 구절을 기억하고 있다.

십자가는 하느님의 위대하신 침묵입니다. 마침내 어둠의 권세가 하느님의 아들에게 최후의 일격을 가하게 되었던 것입니다. 악마들이 풀려나고 아담이 타락한 이후로 가장 무서운 고난이 활개를 치게 되었습니다. 그런데 하느님은 아무 말도 하지 않으셨습니다. 다만 그 침묵에 대하여, 왜 자기를 버리느냐는 물음을 묻는, 죽어가는 이의 울음 소리만이 있었습니다. 하늘의 별조차 울었지만 하느님은 조용하셨습니다.

그러나 이제 이 침묵이 갖는 위대한 신비를 보십시오. 하느님께서 한마디도 대답하시지 않은 그때는 성전의 휘장이 찢어지고 하느님의 마음도 그 모든 상처로 인해 갈갈이 찢기기 시작한 바로 그때였습니다. 그분은 침묵 속에서 우리와 함께 아파하셨습니다. 침묵 속에서 하느님은 우리와 함께 죽음과 깊이의 교제(交際)를 체험하셨습니다. 그는 이제 더 이상 우리를 돌보시지 않고, 혹은 죽은 것이라고까지 우리가 생각할 때라도, 그분은 우리를 속속들이 아셨고, 비밀스런 날개 뒤에서 사랑의 일을 하셨습니다. 우리는 모두 이 침묵의 골고다 밤이 가진 힘 안에서 살고 있는 것입니다.

아무 달라진 것도 없는 외계, 한가하게 떠 있는 흰 구름과 바람 한 점 없는 대기(大氣), 날아가는 참새 한 마리, 눈부신 태양, 먼지 쌓인 돌멩이, 길가의 풀포기, 이 모든 것이 나의 죽음을 태산의 뿌리보다 더 깊은 곳에서부터 아파하고 있는 내 '아버지'의 슬픔을 전해 주고 있었다. 그것은 곧장 내 가슴을 뚫고 들어왔다. 그리하여 나 또한 입술을 굳게 다물고 조용히 최후의 호흡을 가다듬을 수 있었다.

나는, 그 침묵 속에서, 이글거리는 분노를 보았다.

사무치는 미움도 보았다. 그렇다! 그것은 영원한 활화산처럼 이글거리는 미움으로 소용돌이치고 있었다.

그것은 말만 앞세우고 실행하지 않는 바리새파 사람들에 대한 미움이었다. 무수한 공약(公約)을 공약(空約)으로 만들고 살만 찌는 후안무치들에 대한 분노였다.

　　그것은 무거운 짐을 꾸려서 남의 어깨에 메어주고 자기들은 손가락 하나 까딱하지 않는 율법학자들에 대한 미움이었다. 그것은 잔치에 가면 윗자리에 앉으려 하고, 회당에서는 높은 자리를 즐겨 찾으며, 길에 나서면 인사받기를 좋아하고, 사람들이 스승이라 불러주기를 바라는, 바리새파 사람들에 대한 미움이었다. 높은 자리를 위해서라면, 진리도 하루아침에 '골동품'으로 만들어버리는 관리들에 대한 미움이었다. 우두머리가 되기 위해서라면, 사기도 공갈도 협잡도 매수도 가리지 않고 동원하는 배짱 두둑한 교회 정치배들에 대한 사무치는 분노였다.

　　그것은 무슨 일이든 남에게 보이기 위해서 하는 바리새파 사람들에 대한 분노였다. 인간과 인간 사이의 신뢰는 허물어져 가건만, GNP의 회칠한 담을 치장하는 데 온갖 심혈을 기울이는 정책 수립자에 대한 증오였다. 신앙의 등불은 사그라져가건만 붉은 벽돌 흰 벽돌로 하늘을 찌를 듯 높다랗게 교회당을 짓는 목사들에 대한 미움이었다.

그것은 하늘 나라의 문을 닫아놓고 사람들을 가로막아 서서는, 자기도 들어가지 않으면서 들어가려는 사람마저 못 들어가게 하고 있는 바리새파 위선자들에 대한 미움이었다. 교회의 문턱에 서서, 니코틴 냄새 나는 젊은이들을 족집게로 집듯 집어내는, 예민한 코를 가진 수많은 장로들에 대한 연민 어린 분노였다. 간음하는 여자의 현장을 덮치기 위해 어둠 속에서 차가운 눈동자를 굴리고 있는 '은혜받은' 신도들에 대한 미움이었다.

그것은 겨우 한 사람을 개종시키려고 바다와 육지를 두루 다니지만, 개종시킨 다음에는 그 사람을 자기들보다 갑절이나 더 악한 지옥의 자식으로 만들고 있는 바리새파 위선자에 대한 미움이었다. 생기발랄한 젊은이들을 낚아다가 교리의 그물로 얽어매어 협소하고 고집 불통인 근시안을 만들어 나라와 민족에 대한 책임마저 외면하게 만드는 선교사들에 대한 미움이었다.

그것은 "누구든지 성전을 두고 한 맹세는 지키지 않아도 그만이지만 성전의 황금을 두고 한 맹세는 꼭 지켜야 한다"고 말하는 눈먼 인도자들에 대한 미움이었다. 박하와 회향과 근채에 대해서는 십분의 일을 바치라는 율법을 지키면서, 정의와 자비와 신의 같은 대단히 중요한 율법은 무시해 버리는 자들에 대한 분노였다. 파리 한 마리는 건져내고 마시면서 낙타는 그대로 삼키는 눈먼 인도자들에 대한 미움이었다. 한 청년 신자의 부정(不正)한 이성 교제에는 서릿발 같은 제재를 가할 줄 알면서, 나라의 커다란 부정은 눈치조차 채지 못하는 교회 지도자에 대한 미움이었다. 장발족의 머리에는 가위를 댈 줄 알면서 나라의 기둥을 갉아먹는 부정한 장사꾼들은 건드리지도 못하는 당국에 대한 미움이었다.

파리도 건져내야 한다. 물론, 부정한 이성 교제를 한 청년은 제재받아야 한다는 말이다. 그리고 그는 아름다운 교제를 할 수 있도록 도움을 받아야 한다. 그러나 낙타 또한 걸러내야 하는 것이다. 나라의 부정은 반드시 지적돼야 한다. 큰 부정일수록 그렇다.

그 침묵은 또한, 회칠한 무덤들에 대한 미움이었다. 속에는 썩은 시체가 가득 차 있는, 그런 무덤에 대한 분노였다. 겉으로는 옳은 사람처럼 보이지만 속은 불법으로 가득 차 있는 위선자들에 대한 분노였다. 겉은 충신인 것처럼 보이지만, 속으로는 날카로운 비수를 품고 왕위를 노리는 자들에 대한 미움이었다. 겉은 나라 사랑의 화신인 양하지만, 속은 나라 팔아먹을 궁리로 가득 찬 매국노에 대한 미움이었다. 겉은 법을 지키는 데 더없이 철저한 척하지만, 속으로는 그 법 자체를 인정도 하지 않는 통치자들에 대한 분노였다. 겉은 공정한 척하지만 속으로는 열심히 주판알만 퉁기고 있는 법관들에 대한 분노였다.

또한 그것은 여우같은 헤로데에 대한 분노였다. 바른말하는 요한을 감옥에 가두고, 결국은 목을 잘라 죽인 헤로데에 대한 미움이었다. 아첨하는 입들은 십 층, 이십 층 올라가게 하고, 바른말하는 입들은 하루아침에 구걸이나 하게 하는 세계의 모든 '여우'들에 대한 미움이었다.

그것은 또한 강도 만난 사람을 보고도 못 본 척 지나친 레위인과 제사장에 대한 미움이었다. 헐벗어 죽어가는 형제를 외면하는 모든 부유한 자들에 대한 분노였다. 하루에 수만 명씩 굶어 죽어가고 있는 같은 지구 위에서 아침저녁 배 터지게 먹어치우는 모든 인간들에 대한 미움이었다. 대문 앞에서 거지 라자로의 상처를 개가 핥고 있는데 비단옷을 입고 사치를 부린 부자에 대한 분노였다. 크리스마스 때 고

아원이나 양로원 방문하는 것으로 모든 책임을 벗는다고 생각하는 '있는 자'들에 대한 미움이었다. 정의가 실현되지 않는 경제 풍토를 오히려 즐기는 모든 유산 계급에 대한 미움이었다.

그것은 또한 남을 정죄하는 자에 대한 미움이었다. 자기 눈의 대들보는 버려두고 남의 눈에 있는 티를 빼겠다는 자들에 대한 분노였다. 제 의견에 맞지 않는 자는 무조건 죄인이라고 판결을 내리는 무법자에 대한 미움이었다. 길은 오직 하나뿐이라고 주장하는 안내자에 대한 분노였다.

그것은 거짓 목자에 대한 미움이었다. 거짓 선생에 대한 미움이었다. 거짓 종교인에 대한 미움이었다. 거짓 노동 조합 지도자에 대한 미움이었다. 거짓 장관에 대한 미움이었다. 거짓 그 자체에 대한 사무치는 미움이었다.

열매는 맺지 않고, 잎만 무성한 무화과나무에 대한 미움이었다. 터무니없는 말을 전하고, 악한 생각으로 가득 찬 독사의 자식들에 대한 미움이었다. 눈에 보이는 기적만 요구하는 악한 세대에 대한 미움이었다. 자기가 받은 재능과 시간을 땅속에 묻어둔 악하고 게으른 종에 대한 분노였다. 일하지 않고 먹고 사는 기생충들에 대한 분노였다.

그것은 성전을 시장바닥으로 만든 장사꾼들에 대한 미움이었다. 인간의 양심을 황금으로 마비시키는 경제 동물에 대한 분노였다. 교회를 기업화하는 최신식 목회자들에 대한 분노였다.

그것은 또한 회개하지 않는 도시에 대한 분노였다. 거대한 물질 문명에 대한 분노였다. 비인간화에 대한 분노였다. 제동 장치를 잃어버린 기계처럼, 멈출 줄 모르고 달리고 있는 코라진과 베싸이다와 가파르나움의 무질서와 음란과 퇴폐와 방종과 그 잿빛 삭막함과 살생에 대한 분노였다. 이웃을 잃어버린 도시 생활에 대한 미움이었다. 단단한 열쇠가 훈장처럼 진열된 아파트에 대한 분노였다.

그것은 포도원을 가로채기 위해 주인이 보낸 사자(使者)들을 모두 쫓아보내고, 마지막엔 그 아들을 죽이기까지 한 소작인들에 대한 미움과 분노였다. 예레미야를 옥에 가두고, 엘리야를 추방시키고, 다니엘을 사자굴에 넣은 모든 집권자들에 대한 미움이었다. 아, 그것은 여기 이 해골산 언덕에 서서 내 죽음을 지켜보고 있는 무리들에 대한 분노였다. 그것은 인류에 대한 우주적인 분노였다.

그러나 동시에, 그것은 용서하지 못하는 자에 대한 분노이기도 했다. 형제의 잘못에 대하여, 우리에게는 '용서' 하는 길 말고 다른 길이 없는 것이다. 그것은 '아버지' 께서 이 모든 분노와 미움을 저렇게 침묵 속에서 삭이고 계시기 때문이다.

나는 보았다.
천지간에 가득 찬 침묵 속에서 이와 같은 분노와 미움이 소용돌이치며 흐르고 있는 것을.

총독의 병사 중 한 사람이 내게 포도주를 따라주
었다. 나는 그가 내민 그릇을 받아 입에 대었다가 그
냥 돌려주었다. 쓸개를 탄 포도주였다. 지독하게 쓰
고 독한 맛이 내 메마른 혀와 입술을 한참 동안 따갑
게 했다. 그것을 마시면 나는 마취될 것이었다. 정신
없이 십자가에 못 박힐 것이었다. 고통도 훨씬 덜어
질 것이었다. 어쩌면 독한 술에 취해 내 손바닥은 날
카로운 못이 뚫고 들어오기도 전에 나무토막처럼 될
지도 모르는 일이었다.

　그러나 그 술을 나는 거절했다. 내겐 맑은 정신이
필요했다. 그래서 저 무거운 하늘의 침묵 속에서 '아
버지'가 주시는 최후의 위안을 읽을 수 있어야 했다.
모든 것에 대한 우주적인 미움과 분노의 와중에서
'사랑'이라는 맑은 샘[泉]이 솟아나는 것을 보아야
만 했다. 그리하여, 그 사랑의 샘물이 소용돌이치는
미움과 분노를 가라앉게 하고, 이윽고 아름다운 한
송이 꽃을 피우는 것을 나는 보았다. 그것은 '용서'

였다. 마침내 하늘은 침묵 속에서 '사랑의 꽃'을 피웠다.

하늘이 잠잠할 때, 먼저 그 침묵 속에서 들끓고 있는 미움과 분노를 읽을 일이다. 그리고 그것을 내 것으로 삼을 일이다. 그리하여 미워할 대상과 분노할 대상을 명백하게 볼 일이다. 그리고 그 대상 안에 섞여 있는 '용서하지 못하는' 자신을 놓치지 않을 일이다.

이제는, 다시 침묵하는 하늘에서 사랑을 볼 일이다. 그 사랑이 샘물이 되어 흐르는 것을 볼 일이다. 그리고 그것이 미움과 분노의 소용돌이를 거름더미로 바꾸고, 그 위에 용서의 꽃을 피우는 것까지 똑바로 볼 일이다.

자, 이제 남은 일은 용서하는 것밖에 없다. 모든 것을 용서해야 할 '지금'은 언제나 내 손바닥에 죽음의 그림자가 들어와 박히는 그 순간인 것이다.

병사 둘이 다가오더니 익숙한 솜씨로 내 몸뚱이를

십자가 위에 눕히고 망치를 들었다. 한 사람은 내 손을 힘있게 움켜잡아 나무에다 밀어붙였다.

하늘은 여전히 맑았다. 망치를 든 병사가 커다란 엉덩이를 내 얼굴 쪽으로 돌려 팔뚝을 깔고 앉더니, 땀이 밴 다른 손으로 내 손목을 힘주어 눌렀다. 나는 눈을 감았다.

무너지는 소리

✦✦ ✦

탁!

병사가 망치를 내리쳤다. 쇠못은 단번엔 내 손바닥을 뚫고 나무에 박혔다. 아프지는 않았다. 온몸이 부들부들 떨릴 뿐이었다. 나는, 내 못 박힌 쪽 손의 가운데 손가락 두 개가 가을 잠자리의 날개처럼 파들거리는 것을 느낄 수 있었다.

탁 탁 탁

망치 소리는 계속되었다. 계속되면서, 마침내 내게 상상도 할 수 없는 아픔을 가져다주었다. 나는 온몸의 힘을 빼고 뼛속 깊이 스며드는 고통에 매달렸다. 곧 끈적끈적한 액체가 손목을 타고 흘렀다. 나는 눈을 떠 하늘을 바라보았다. 하늘은 여전히 맑았다. 티 하나 없이 맑았다.

한쪽 손에 못질을 마친 병사들은 자리를 옮겨 다른 쪽으로 갔다. 나는, 그들이 버리고 간, 내 못 박힌 손을 보았다. 붉은 피가 아주 천천히 한 줄로 흐르고 있는 손목이 보였다. 그리고 또한 백랍처럼 파리해진 손가락들이 보였다. 그 사이로 삐죽이 머리를 내민 청동색 쇠못 대가리가 햇빛을 받아 반들거렸다. 손가락은 여전히 파들거렸다. 강인하게 박힌 쇠못만 아니라면 내 손은 잿빛 새가 되어 방금 어디로인가 날아갈 것만 같았다. 그러나 그것은 못 박혀 있었다. 이제 그 손바닥은 내 가슴도 더듬을 수 없고, 내 머리카락도 쓸어줄 수 없는 하나의 객체(客體)가 되어 있었다. 나는 나로부터 떨어져 나간 내 손을 바라보고 있었다.

탁 탁 탁

못질하는 병사의 솜씨는 숙련되어 있었다. 그는 조금도 서두르지 않고, 당황도 하지 않고, 규칙적으로 호흡에 맞춰가며 망치를 휘둘렀다.

잠깐 동안, 아니 순간 나는 정신을 잃었다. 고통도 없고, 떨림도 없고, 다만 밑도 끝도 없이 가라앉는 듯한 착각 속에서 나는 꿈결에서처럼 들려오는 소리를 듣고 있었다. 그렇다. 그것은 밑 없는 깊음 속에서, 어둠의 끝에서 들려오는 소리였다. 나의 손바닥을 뚫고 대지에 박혀 들어가는 청동색 쇠못의 소리였다. 그것은 아주 서서히 무너져내리는 소리였다. 분명히, 그것은 무너져내리는 소리였다.

무엇이 여기서
무너지고 있느냐.
무엇이 저렇게 소리치고 있느냐.
아름다운 바람의 저 흰 물결은 밀려와
뜨거운 흙을 적시는 한탄리 들녘

무엇이 조금씩 조금씩
무너져가고 있느냐.
참혹한 옛 싸움터의 꿈인 듯
햇살은 부르르 떨리고
하얗게 빛바랜 돌무더기 위를
이윽고 몇 발의 총소리가 울려간 뒤
바람은 나직이 속살거린다.
그것은
늙은 산맥이 찢어지는 소리
그것은 허물어진 옛 성터에
미친 듯이 타오르는 붉은 산딸기와
꽃들의 외침 소리
그것은 그리고
시드는 힘과 새로 피어오르는 모든 힘의
기인 싸움을 알리는 쇠나팔 소리
내 귓속에서
또 내 가슴속에서 울리는

피 끓는 소리

잔잔하게

저녁 물살처럼 잔잔하게

불꽃이 타오르는 빈 들녘에 서면

무엇인가 자꾸만 무너지는 소리

무엇인가 조금씩 조금씩

무너져내리는 소리.

　　　　　　—김지하 〈무너지는 소리〉 전문

　그것은, 완고한 율법주의가 무너져내리는 소리였
다. 화석화(化石化)된 모세의 계명이 예레미야의 가
슴팍에 들어가 새겨지는 소리였다. 안식일이라는 이
름의 피딱지가 떨어지는 소리였다. 지구상의 여러
곳에서 인간들을 학대하고, 불에 태우고, 총살하고,
구덩이에 매장하고, 배반하고, 그리고 훈장을 달아
주고, 다시 떼고, 옷을 벗기고, 이별하게 하고, 그리
하여 끝내 의미없이 죽게 하던 모든 '이즘'(ism)이

무너져내리는 소리였다.

공산 '주의' 가 무너지는 소리였다. 자본 '주의' 가
무너지는 소리였다. 하늘을 향한 모든 인간의 사다
리가 무너지는 소리였다. 인간의 구원을 약속한 모
든 철학들이 무너지는 소리였다. 천천히, 조금씩, 그
것들은 무너지고 있었다.

그것은 모세의 두루마리 속에 잠시 갇혀 있던 '하
늘의 법' 들이 살아 활개치며 나오는 소리였다. 위대
한 화가들의 화폭이 위에서부터 아래로 그리고 좌에
서부터 우로 찢어지는 소리였다. 그리하여 그 속에
숨어 있던 진실들이 땅 위에서 사실로 탄생하는 소
리였다. 그것은 모든 지나간 것의 지나가는 소리였
다. 그것은 모든 새로운 것의 다가오는 소리였다.

나는 보았다. 예루살렘이 무너지고 있었다. 그 견
고한 성벽이 찢어지고 있었다. 잔잔한 호수에 비친
아름다운 성벽의 그림자가 알 수 없는 쪽에서 불어

오는 바람결에 주름잡히며 흔들리다가, 마침내 산산
이 부서져 희고 검은 그림자의 파편으로 남듯, 그렇
게 예루살렘이 무너지고 있었다. 내 처형을 멀리서
바라보고 있는 저 숱한 무리들의 보금자리가 붕괴되
고 있는 것이었다.

탁 탁 탁

내 손바닥에 죽음의 뿌리를 심고 있는 그 소리는
모든 '인위'(人爲)가 무너지는 소리였다. 골목마다
세워져 있는 웅장한 교회당들이 무너지는 소리였
다. 그리하여 그 조각들이 가난한 자의 판잣집 안방
과 부엌과 하수구와 변소에 가서 자리잡는 소리였
다. 자리잡고 들어가 가난한 사람들의 위안이 되고,
노리개가 되고, 북풍을 막아주는 방패가 되는 소리
였다.

그것은 저 프로크루스테스의 침대 다리가 부러지
는 소리였다. 모든 억지가 무너지는 소리였다. 나자
렛의 목수 아들 예수를 '정치범'으로 만든, 진짜 정

치범들의 부르짖음이 회오리바람에 몰려 어두운 광야의 끝으로 사라져가는 소리였다.

"이 세상의 모든 산은 하늘 아래 위치한다. 그러나 그것은 지나간 시대의 한 원리일 뿐, 지금 우리는 하늘보다 어떤 산이 더 높다고 하지 않을 수 없는 시대에 살고 있다. 그러므로 산은 하늘보다 더 높을 수 있는 것이다."

이렇게 정색을 하고 시치미떼는 고관들의 틀니가 송두리째 빠져 알알이 분해되는 소리였다.

그것은 지상의 모든 비리가 무너지는 소리였다.

"희지 않은 모든 것은 붉은 것이다"라는 논리 아닌 논리가 무너지는 소리였다.

그것은 모든 독재자들이 퇴장하는 소리였다. 나를 반대하는 자와 한마당에서 춤을 출 수는 없다는 그들의 모든 조치가 풀어지는 소리였다. 내가 계속 통치권을 잡기 위해서 베푼 모든 조치는 국가와 민족을 위한 것이라고 골목과 시장 어구에 붙여놓은 그들의 '담화문'들이 찢어지는 소리였다.

"짐은 곧 국가다"라는 그들의 최후 선언이 불어오는 미풍에 흔들리는 소리였다. 모든 독재자들이 손에 잡고 흔들던 깃발이 찢어지는 소리였다. "국가를 위하여"라는 깃발이 찢어지는 소리였다. "민족을 위하여"라는 깃발이 찢어지는 소리였다.

그것은 바리새파 사람들이 흔들던 모든 깃발의 찢어지는 소리였다. "하느님을 위하여", "율법을 위하여", "이스라엘을 위하여"……

그 하느님은 지금 어디 있는가? 그 율법은 지금 어디 있는가? 그 이스라엘은 지금 어디 있는가?

모두 무너지고 있었다. 나는 보았다. 그리고 그것들의 무너지는 소리는 청동색 못의 강인함을 통해 내 손바닥을 울려주고 있었다.

"국가를 위하여", "민족을 위하여", "안정과 질서를 위하여", 그리고 "자유를 위하여"……

그 국가는 지금 어디 있는가? 그 민족은 지금 어

디 있는가? 그 안정과 질서는 지금 어디 있는가? 아
아, 그 자유는 지금 어디 어떻게 있는가?

　모두 무너지고 있었다. 세상의 모든 독재자들이
딛고 서 있는 그 터전은, 먼저 무너짐으로써, 독재자
를 무너뜨리고 있었다.

　탁 탁 탁

　죽음의 뿌리를 내리고 있는 청동색 못은 내 손바
닥을 뚫고 나아가 십자가에 박혔고, 그 십자가는 대
지에 깊이 묻힐 것이었다. 대지가 무너지고 있었다.
커다란 균열이 준비되고 있었다.

　바람은 나직이 속살거린다
　그것은
　늙은 산맥이 찢어지는 소리

　로마제국이 찢어지고 있었다. 이스라엘의 선민 왕
국도 찢어지고 있었다. 사람들의 모든 울타리가 무

너지고 있었다. 나라와 민족과 사상과 인종과 습관과 제도와 언어와 이념과 감정과……

마침내 역사가 바뀌고 있었다.

내 '아버지'의 처절한 침묵과, 떨어져나가는 내 손바닥에서 튀어오르는 붉은 피와 망치 소리에 섞여 바야흐로 세계사는 그 방향을 바꾸고 있었다.

탁 탁 탁

무너지는 소리는 계속되었다.

그것은 모든 쇠사슬이 끊어지는 소리였다. 감옥의 문이 열리는 소리였다. 푸른 옷이 찢어지는 소리였다. 피 묻은 야전용 나무 침대의 각목이 부러지는 소리였다. 물 축인 가죽옷이 벗겨지는 소리였다.

자유의 하얀 새가 이 땅의 모든 구덩이에서 날아오르는 소리였다. 달빛 아래 포성이 멈추는 소리였다. 타오르던 사원의 불길이 잦아드는 소리였다. 그것은 모든 전쟁의 최후를 알리는 종소리였다. 대제사장의 종 말코스의 귀를 자르던 베드로의 칼 부러지는 소리였다. 모든 무기의 꺾여지는 소리였다. 모든 적의가 스러져가고 있었다.

모든 광신과 폭력과 탐욕이 역사의 무대에서 퇴장을 준비하고 있었다.

내 말을 들어보라, 형제여
어제만 해도 여기 이 우리 마을에
여섯 명의 베트콩이 있었지.
내 생명이 처음 태어난 자리는
폭탄의 세례를 받아 남김 없이 무너졌다!
아무도 살아 못 남았고
눈에 보이는 것이라곤 집들의 터와
불타버린 대숲 그리고
지붕과 제단이 사라져버린 다 부서진 탑이 하나.
나 오늘 돌아와 구름과 강물만 바라볼 뿐.

오늘밤 하늘의 별들 앞에,

이 땅의 모든 인간들 앞에,

오, 내 형제여, 바로 그대 앞에,

나 목소리 돋워 이 야만스런 골육상쟁을 저주하지 않을 수 없다.

물어보자, 누가 우리를 이 살의(殺意) 가득 찬 유사(流沙)에 밀어넣었는가?

이 밤 증인이 되어

내 말을 들어보아라.

나는 이 길을 받아 못 들인다.

나 결코 받아 안 들였고 받아 안 들일 것이다.

그들이 나를 죽일 때까지 수천 번이고 이 말을 되풀이하리라.

제 짝을 위해 부리에서 피를 쏟으며 죽기까지 울부짖던 한 마리 도쿠엔에게 귀기울이듯 내 말을 들어보아라.

그대의 무기를 돌려 미움과 싸우라.

우리의 적은 광신이다.

폭력이다.

그 탐욕이요, 그 비방이다.

우리의 적은 인간이 아니다—그가 비록 '베트콩'
이라는 딱지를 붙였다 하더라도

만일 우리가 인간을 죽이면, 이제 누구와 더불어
살 것인가?

—틱낫한, 〈탄핵〉 전문

거대한 탑이 무너지고 있었다. 하늘을 찌를 듯한
바벨탑이 그 뿌리로부터 무너져내리고 있었다.

모든 인간을 집중시켰고, 그들의 유일한 지표로
서 있던 바벨탑이 내 바로 눈앞에서 무너지는 것이
었다. 모든 규범이 무너져내렸다. 모든 가치가 전도
되었다. 모든 언어가 갈라졌다. 하늘을 대신해 오던
인간의 모든 법률들이 산산조각나는 것이었다. 모든
통치자들이 검고 두터운 외투 자락을 날리며 지평선

너머로 사라져갔다.

나는 그 무리들 속에서 빌라도의 모습을 보았다. 뚱뚱한 헤로데도 섞여 있었고, 가야파도 안나스도 함께 사라져갔다. 함무라비의 법전도, 모세의 십계도, 할 일을 다한 시종처럼 겸손하게 허리를 굽히며 물러나고 있었다. 나는 그들의 어깨 위에서 밝은 햇살이 부서지고 있는 것을 보았다.

도처에 거미줄처럼 엉켜 있던 장벽들이 한꺼번에 무너져내렸고, 그 위로 가지각색 인간들이 얼굴을 내밀고 서로 인사를 나누고 있었다.

갈릴래아 사람도 있었고, 바르티아 사람, 메대 사람, 엘람 사람, 메소포타미아와 유대와 갑바도기아와 본도와 아시아와 프리기아와 밤필리아와 이집트와 리비야 사람, 또 로마, 그레데, 아라비아 사람 들이 함께 모여 있는 것을 나는 보았다.

그 중에서 커다란 장벽 하나가 헐어지면서, 그 너머로부터 도폿자락을 바람에 날리며 공자, 맹자, 노자 들이 나타나 내게로 걸어오기도 했다. 나는 또 인간의 깊은 고뇌를 체험한, 눈빛이 맑은 인도 사람과 손을 잡기도 하였다.

아아, 모두가 무너지고 있었다. 그것은, 내게 상상도 할 수 없는 용기를 주는 것이었다.

탁 탁 탁

쇠못을 박는 망치 소리는 어느새 내 발등 위에서 울리고 있었다. 병사들은 발바닥을 나무에 밀착시키기 위해 내 두 무릎을 조금 세워야 했다. 나는 눈을 내리떠서 내 발등을 파고드는 청동색 긴 못을 보았다.

마침내 내 몸은 십자가 바로 그 꼴이 되었다. 두 팔을 옆으로 벌리고, 그리고 두 발은 두터운 나무에 못 박혀 이제 아무 데도 갈 수가 없게 되었다. 병사들이 마지막으로 망치를 휘둘렀다. 척박한 해골산 골짜기를 날카로운 쇳소리가 부딪치며 구르며 훑어

내려가고 있었다.

　　그것은 그리고
　　시드는 힘과 새로 피어오르는 모든 힘의
　　기인 싸움을 알리는 쇠나팔 소리

　　그렇다! 그것은 바야흐로 기인 싸움이 비롯되고
있음을 신호하는 소리였다. 모든 율법주의에 항거하
는 사랑의 선전 포고였다. 모든 억지와 사슬과 감옥
과 수의(囚衣)와 고문과 다스림과 제도와 관습과 칼
과 인위(人爲)와 그리고 국가와 인종과 이념과 전쟁
에 항거하는 '참뜻'의 선전 포고였다.
　　"이제부터 내 투쟁은 시작이다"라고 나는 속으로
말했다. 아니, 나는 내 속 깊은 곳에서 그런 말을 들
었다. 갑자기, 망치 소리가 그쳤다. 하늘은 여전히
맑았고, 주변을 감싸고 있는 무거운 고요함은 내 심
장을 압박해 왔다. 내 몸뚱이는 나무에 달린 채 공중

으로 들어올려졌다. 멀리 예루살렘으로 통하는 길과, 그 길에 서 있는 숱한 인간들의 모습이 가물거리며 보였다. 내 체중이 손바닥에 박힌 쇠못에 매달려 무겁게 늘어졌다.

피곤하고
괴로워
너무나도 피곤하여
가슴, 아프다.
땀방울은 흘러
바위 아래 구르고
손가락은 마비되고 그리고
무릎, 떨린다.
지금이 곧 그때다.
당신이 굴복해서는 안 될
바로 그때다.

다른 사람들의 길 위에는
휴식처가 있는데
그들 서로 만날
햇빛 따순 휴식처가 있는데
그러나 이것은 당신의 좁은 길
지금이 곧 그때다.
당신이 실패해서는 안 될
바로 그때다.

울어라.
할 수만 있거든
울어라, 그러나
신음은 하지 말아라.
이 길은 당신이 택한 길
당신 홀로 걸어야 할 길이다.

목이 말랐다. 이마에서 흐른 땀이 눈으로 흘러들었지만 내 손은 그 땀방울을 닦아줄 수 없었다.

내걸린 육체는 깃발이 되어

✦✦ ✦

헐떡거리는 숨결 소리가 곁에서 들려왔다. 나와 함께 십자가에 달린 두 사내가 뱉어내는 더운 숨소리였다. 그들의 구리빛 가슴과 배 위에는 땀방울이 빗물처럼 흐르고 있었다. 병사들이 두 사내의 마지막 속옷을 벗기자 눈부신 한낮의 태양 아래 초라한 육신 두 개가 마침내 빨래처럼 진열되었다. 순간적으로 그들은 수치와 분노로 몸을 떨며 이를 갈았다. 땀에 젖은 긴 머리카락과 그래도 여전히 벌럭거리는 가슴은, 얼마나 인간의 육체가 추할 수 있는 것인가를 보여주기 위해 거기 그렇게 진열돼 있는 것만 같았다.

　나는 고개를 들어 그들의 얼굴을 바라볼 힘이 없었다. 두 손과 발을 통해 온몸으로 퍼져나가기 시작한 무서운 고통은 내게서 고개를 들 힘조차 앗아가고 말았다.

　마침내 그들은 내 속옷을 벗겼다. 위에서부터 아래로 혼솔 없이 통으로 짠 옷이었다. 땀에 젖어 옷은 잘 벗겨지지 않았지만, 병사들은 익숙한 솜씨로 힘들이지 않고 내 속옷을 벗겨내렸다.

　완전한 알몸이 되자 찾아온 것은 부끄러움이 아니라 외로움이었다. 뜨겁고 넓은 사막에 사정없이 팽개쳐진 한 마리 들짐승처럼, 나는 외롭고 외로워 몸을 떨었다. 옷은 부끄러움을 감추기 위한 것도, 추위를 막기 위한 것도 아니다. 그것은 인간의 고독을, 그 초라함을 덮기 위한 것이다.

　어디서 날아왔는지 파리 한 마리가 내 배꼽 위에 앉아 있다가 조금씩 조금씩 아래로 내려가, 땀에 젖은 검은 체모(體毛) 속으로 기어 들어갔다. 아무런 감각도 느껴지지 않았다. 체념처럼 시든 내 성기(性器)……

　오라, 와서 보라, 인간들이여. 이 메마른 해골산 위에서 무슨 일이 일어나고 있는가를 보아라. 어떻게 한 초라한 육체가 전시되고 있는가. 아무 몸짓도 할 수 없는 매달린 육체가 어떻게 그 최후를 기다리고 있는가. 오라, 와서 두 눈 똑바로 뜨고 보라.

　나는 목청껏 소리치고 싶었다. 피를 토하면서 인간을 부르고 싶었다.

　"인간아, 어디 있느냐? 와서 네 참모습을 보아라."

　이미 내 겉옷을 나눠 가진 병사들은, 방금 벗긴 속옷을 누가 가질 것인가 정하기 위해 제비를 뽑고 있었다. 그들은 자기들이 방금 나눠 가진 그 옷가지들이 한 사람의 하혈증 환자를 고쳐준 일이 있다는 사실을 알 턱이 없었다. 다만 그 옷가지를 한 번 만졌던 것으로 열두 해 동안이나 따라다니며 고생을 시키고, 그것도 모자라서 가산까지 탕진시킨 그 끈질긴 병마가 떨어져 나갔다는 사실을.

그들이 모르고 있는 것은, 그 사실 말고 또 있었다.

그들은 자기네 손에 의해 십자가 꼭대기에 매달려 수치와 곤욕 속에서 죽음을 맞이하는 한 사내가 누구인지, 그가 무엇 때문에 이 세상에 태어났고, 그리고 지금 어디로 가고 있는지 알지 못했다. 자기가 내려치는 망치에 무엇이 무너지고 있는지, 무엇이 깨어지고 무엇이 금이 가고 있는지 알지 못했다. 자기들 앞에서 알몸이 되어 보잘것없는 초라한 존재로 던져져 있는 한 인간의 의미가 무엇인지 그들은 알지 못했다. 그 몸뚱이 위에 던져지는 자기들의 경멸과 욕설과 비웃음과 매질과 온갖 형벌이 다음 순간 무슨 이름으로 자신들에게 돌아오게 될는지도 알지 못했다.

"상부의 명령이니까"라는 한마디를 전능의 방패로 삼고 그 안에서 온갖 비인간적인 술책과 만행에

짐짓 참여하는 비열하고 구차스런 행동이 역사라고
하는 맑은 거울에 어떻게 반영될지 그들은 알 수가
없었다. 인간답게 살라는 떳떳한 하늘의 명령에 귀
를 막고 순간의 안일과 쾌락을 위하여 거대한 기계
주의에 스스로 매몰되어 버리는 자신의 행위가 자기
의 이웃과 그리고 이 세상을 어떻게 좀먹고 있는가
를, 그들은 알지 못했다. 제 발로 땅을 딛고 선다는
것의 전율할 만한 기쁨을, 그들은 도무지 알지 못했
다. 하늘의 법을 지키기 위하여 인간이 만든 법을 거
역한다는 떳떳하고 정당한 행위가 어떻게 이 역사를
정화시키고 있는지, 그들은 조금도 알 수 없었다. 그
리하여, 그들은 사형수의 마지막 남긴 속옷을 차지
하려는 소란을 벌이는 것으로 만족하고 있었다.

피와 함께 몸 속에 남아 있던 원기가 새어나가자,
대신 죽음의 그림자가 내 육체의 빈 곳에 스며들기
시작했다. 그리고 그와 함께 내 빈약한 육체 속으로
조금씩 조금씩 들어오는 세력이 있었다. 그것은 하

늘과 온 지면 위에 그득한 '큰마음'이었다. 그립고 반가운 내 '아버지'였다. 나는 불타는 것처럼 화끈 거리는 마른 입술을 움직였다.

"아버지."

마침내, 당신은 내게로 오셨습니다. 이 수치와 외로움의 깊은 곳을 모두가 외면하고 돌아섰을 적에, 마지막 걸쳤던 속옷까지 벗기우고 빨간 알몸으로 해골산 위에 내걸렸을 때, 싸늘한 죽음의 그림자를 동반하고, 아버지여, 당신은 내 몸 속으로 오셨습니다. 우주의 '큰마음'과 하나가 되어 이 아픈 시련을 견디 넘기고자 나는 어서 속히 몸 속의 남은 피가 모두 쏟아지기만 바랄 뿐입니다.……

격렬한 투쟁이 내 육체 속에서 일어나고 있었다. 죽음과 생명, 고통과 평안, 외로움과 든든함, 그리고 빛과 어둠이 소용돌이치며 싸우고 있었다. 그러나 나는 그것들의 투쟁을 버려두었다. 우주에 그득한 내 '아버지의 큰마음'은 그것 자체가 이미 갈등이며 투쟁이었기 때문이다.

　그래도 시간은 흐르고 있었다.

　한 병사가 팻말을 들고 내 앞으로 다가왔다. 그 팻말에는 히브리말과 라틴말과 그레샤말로 "유대인의 왕, 나자렛 사람 예수"라고 적혀 있었다. 팻말을 들고 온 병사가 그것을 내 머리 위에 걸어놓았다.

　"유대인의 왕."

　이 두 마디가 무엇을 뜻하는지, 그 병사는 물론, 그것을 명령한 빌라도 또한 알지 못했을 것이다. 아니, 그만은 알고 있었는지도 모른다. 그것은 로마인에게는 반란군 두목의 명칭이요, 유대인 집권층에게는 그 앞에 '자칭'이란 말을 넣어야 하는 거짓 메시아의 명칭이었다. 그러나 그는 자기의 명백한 오판에 의해 목숨을 잃어가고 있는 한 사내가 어찌하여 참으로 유대인의 왕이어야 하는지를 몰랐을 것이다.

　잘못된 재판을 할 수는 있지만, 그 재판의 결과는

돌이킬 수 없다는 사실을 빌라도는 모르고 있었다. 인간의 재판은 하늘의 재판 앞에 언젠가는 마른 풀잎처럼 스러지고 만다는 사실을, 그는 모르고 있었다.

어떤 무리들의 사악한 욕구를 채워주기 위하여 조작된 재판극의 허수아비 노릇을 할 수는 있으나 그 조작극에 희생된 무고한 생명을 다시 보상해 줄 수는 없다는 사실을 그는 모르고 있었다. 그리고 그 생명들은 반드시 무덤을 헤치고 다시 살아 새 역사를 이루고 있다는 사실을 모르고 있었다.

몇몇 현상 유지주의자와 그들의 사주를 받은 우매한 민중의 압력에 무릎 꿇고, 죄 없는 인간을 사형장으로 보낸 자신의 행위가 장차 어떠한 씨앗으로 남아 열매맺게 될지 그는 알지 못했다. 인간에게 문제는 참으로, 얼마나 오래 사느냐에 데에 있지 않고 어떻게 사느냐에 있다는 사실을, 그리하여 불의한 세력에 굴복하여 조작극에 참여하느냐 (그래서 몇 해 더 사느냐) 아니면 구차스런 조작극의 희생자가 되어 차라리 (몇 해 먼저) 죽느냐에 있다는 사실을 빌라도는 모르고 있었다.

"무릎 꿇고 사느니 서서 죽겠다"는 말의 진솔한 뜻을 알지 못했다.

대야에 물을 떠오게 하여 손을 씻을 때, 그것이 또 한 가지의 더러움을 자기 마음에 덧입히는 짓이라는 사실을, 그리하여 양심은 바야흐로 철갑을 두른 듯 무뎌지고, 이제 남은 것은 짐승처럼 살다가 짐승처럼 죽어가는 길밖에 없다는 뼈저린 사실을 빌라도는 미처 모르고 있었다.

대제사장과 바리새인 들이 나를 고소하여 재판을 청구했을 때, 그 재판은 곧 자기 자신에 대한 재판이었음을 그는 알지 못했다. 현명한 솔로몬은 죽지 않고 역사의 무대 뒤편에 대기하였다가, 인간을 재판하는 모든 재판정의 기록을 검열하고, 변호사의 논거를 듣고 피고의 양심 선언에 귀를 기울이고, 방청석에 앉은 억울한 가족들의 호소를 한마디 빼놓지 않고 듣고 있으며, 모든 재판관들이 내리는 판결보다 훨씬 더 엄하고 차가운 판결문을 작성하고 있다는 사실을 그는 모르고 있었다.

아무리 사형을 언도하여 죽이고 그 시체를 불살라도 재판은 아직 '계류중'(繫留中)임을 그는 모르고 있었다.

"아버지."

나는, 내 육체 속에서 갈등으로 존재하는 내 아버지에게 마침내 말을 했다.

"저 사람들을 용서하여 주소서. 그들은 자기들이 하는 일이 무엇인지를 모르고 있습니다."

나는 대제사장들의 혈색 좋은 얼굴과 바리새인들의 의젓한 몸짓을 생각해 내었다. 그들을 나는 용서하고 싶었다. 용서하지 않고는 더 이상 그 고통을 견뎌낼 수가 없었다. 그들도 자기들이 하는 일이 무엇인지를 역시 모르고 있었다.

자기들을 해방시켜 주신 야훼께서는 황금으로 지은 성전에서 스스로 해방되시어, 광야와 예루살렘 시장 골목과 창녀들의 소굴과 사마리아 벽촌을 맨발로 걸어다니고 계시다는 것을 그들은 모르고 있었다. 이제는 율법의 시대가 물러가고 사랑의 시대가 다가오고 있음을 그들은 몰랐다. 강한 자의 태양은 지고 약한 자의 작은 별들이 모든 것을 밝힐 새로운 시대가 시작되고 있음을 그들은 몰랐다.

현상을 유지하기 위해 모든 돋아나는 싹을 가위질해도 싹은 잘리우면서 어느덧 성장하여 꽃을 피우고, 꽃을 자르면 꽃은 잘리우면서 어느덧 열매를 맺고, 열매를 따내면 열매는 떨어지면서 새로운 씨앗을 토해 낸다는 사실을 그들은 모르고 있었다. 천근만근 무거운 바위로도 솟아오르는 싹은 누르지 못한다는 것을 그들은 미처 모르고 있었다.

바위야 바위야 눌러라.

황소 같은 바위야

천근 같은 무게로

네가 아무리 눌러도

죽순은 뾰죽뾰죽

자꾸만 자꾸만 솟더라.

———김관식, 〈풍요조〉 전문

　낡은 것보다는 새로운 것, 죽은 것보다는 산 것, 켕기는 것보다는 정당한 것, 썩은 것보다는 신선한 것, 추한 것보다는 아름다운 것, 어제보다는 내일로 역사는 흐르고 있음을 알지 못했다.

　"이것이 아니면, 아무것도 아니다"라는 그들의 흑백논리야말로 스스로 들어가야 할 무덤인 것을, 화려하고 단단하게 회칠한 무덤인 것을 그들은 몰랐다. 율법을 지킨다는 이름으로 사실은 율법을 깨뜨리며, 모세를 따른다는 이름으로 바로 그 모세를 배

척하고, 자유를 수호한다는 이름으로 자유를 구속하고, 나라를 건진다는 이름으로 나라를 조각내고, 평화를 지킨다는 이름으로 평화를 깨뜨리고……

그들은 자기네가 그렇게도 수호하려는 바로 그분이 내 피 흐르는 상처를 통해 지금 내 육체 속에 들어와 마지막 창조의 손길을 펴고 계시다는 엄청난 비밀을 조금도 알 턱이 없었다.

"너는 메시아다. 메시아로서 너는 죽어가고 있는 것이다"라고 내 '아버지'가 부드럽게 속삭였다. 속삭이는 소리는 계속되었다.

"네 속에서 죽어가고 있는 것은 이 시대의 마음이다. 역사의 뼈다. 우주의 정신이다. 네 아버지다."

나는 고개를 번쩍 들었다. 그리고 거기 내 발 아래 여기저기 몰려 서 있는 인간들을 똑바로 내려다보았다. 그들도 나를 바라보고 있었다. 무표정하고 굳어진 얼굴로, 죽어가고 있는 한 육체를 구경하고 있었다.

아무도, 자기들의 눈앞에서 빈약한 갈비뼈와 초라한 성기를 드러낸 채 무기력하게 사라져가고 있는 사내가 누구인지 모르고 있었다. 그의 앙상한 육체 안에서 지금 어떤 투쟁이 전개되고 있으며, 어떤 복음이 울려나오고 있는지, 그들은 알지 못했다. 아무도 귀를 기울이지 않았다. 먼발치에서 팔짱을 끼고 구경을 할 뿐이었다.

　"너는 이제 인간이 아니다. 하나의 말〔言語〕이다. 공중에 내걸린 말이다. 네 발은 이미 대지를 떠났다."

　내 '아버지'는 계속해서 속삭였다.

　"모든 것은 끝났다. 호흡을 가라앉혀라. 고통이 덜어질 것이다. 메시아여, 길고 긴 여행이 끝나고 있다."

　과연, 나는 이제 공중에 내걸린 몸이었다. 내 존재 근거는 이제 대지가 아니었다. 그것은 십자가였다.

십자가의 뿌리로 해서 대지 깊숙이 파고들기는 했지만, 여전히 내 발은 부드러운 어머니 대지를 떠나 있었다.

참으로, 나는 그 모두를 용서하고 싶었다. 죽음을 앞둔 모든 인간에게 용서의 시간이 주어질 수 있다면, 그것은 하늘의 영광이었다.

그러나 내게는 이제 그들을 용서할 자격이 없었다. 그것은 내 발이 이미 대지에서 떠났고, 그리하여 내 몸은 더 이상 '이 세상'의 것이 아니었기 때문이다.

아직, 내 발이 땅을 밟고 있을 때, 내게는 이웃의 죄를 용서해 줄 권한이 있었다. 일흔 번씩 일곱 번이라도 용서할 수 있는 권한이 있었다.

그러나 이제 내게는 아무런 권한도 남아 있지 않았다. 나는 모든 권한을 내 '아버지'에게 양도하였다. 피 흐르는 상처를 통하여 내 육신 속에 스며 들어온 우주의 '큰마음'에 모든 것을 맡겨야 했다. 그리하여 메마른 입술을 움직여 나는 말했다.

"아버지 저 사람들을 용서하여 주소서. 그들은 자기들이 하는 일이 무엇인지를 모르고 있습니다."

얼마나 많은 무지(無知) 속에서 역사는 흐르고 있는가? 얼마나 많은 맹인들이 지금도 다른 맹인을 인도하고 있는가? 사나운 격정 속에 휩쓸려 들어가 자기를 팽개치고 기꺼이 한 개 부속품이 되어 어깨에 띠를 두르고 무명지를 자르며 독한 술을 마시는 군중은, 어디에나 있다. 스스로 알지도 못하는 구호에 묻혀 이리저리 몰리고 쏠리는 우매한 군중은 어디에나 있고, 그들에게 독한 술을 주고 사악한 계획을 심어주는 건조한 땅의 주인은 여전히 지구를 포기하지 않는다.

그들은 모르고 있는 것이다.

"태초에 말씀이 있었다"라는 말로 시작된 이 성스런 역사가 어느 쪽으로 흐르고 있는 것인지, 스스로 그 역사의 흐름에 어떤 방향으로 대면하고 있는지, 그들은 아무것도 알지 못했다.

용서를 구하는 내 기도에 '아버지'가 다시 속삭임으로 대답했다.

"몸으로, 아들아 우리 몸으로."

나는 내 육신을 내려다보았다. 땀과 피로 흥건히 젖은 체모 속에서 파아란 날개를 가진 파리가 다시 기어나와 부르르 몸을 떨더니 직선으로 날아가 버렸다.

"우리 몸으로 저들을 용서하자."

"아멘."

나는 대답했다. 붉은 태양은 공중에 걸려 움직이지 않았다. 내 몸에서 배어나온 피와 땀이 메마른 해골산 위에 뚝뚝 떨어졌다. 그 위에 또 다른 뜨거운 액체가 떨어지기 시작했다. 나는 울고 있었다.

눈물은 걷잡을 수 없이 흘렀다. 내 모든 내장이 한

꺼번에 녹아 두 눈구멍으로 흘러넘치는 것 같았다.

아름다운 갈릴리 아침이 눈앞에서 일렁이고 있었다. 올리브나무 이파리마다에서 황금빛으로 반짝이던 아침 이슬, 그 찬란하고 깨끗하던 아침들이 내 눈앞에서 핏빛으로 물들어가고 있었다. 눈을 감고라도 걸을 수 있었던 나자렛 마을의 골목길들, 시장으로 통하는 포장된 작은 길들, 그 위로 손에 손을 잡고 뛰어다니던 어릴 적의 동무들, 잔칫집 마당의 설레는 옹성거림, 꿀벌들 잉잉거리는 소리가 귓전을 울리던 마을 밖의 푸르른 포도밭과 그곳에서 일하던 처녀들의 건강한 웃음 소리……

오! 예루살렘, 예루살렘.

한 인간을 무덤으로 보내면서 미동도 하지 않는 잿빛 도성 예루살렘!

황금으로 꾸민 신전(神殿)을 훈장처럼 가슴에 품고 우뚝 서 있는 거대한 도성 예루살렘.

내가 그 도성을 어미닭이 병아리 품듯 품어 안으

려고 얼마나 애썼던가? 골목과 저잣거리를 메우던 절뚝발이, 맹인, 벙어리, 문둥병자 들, 그들은 이 순간 모두 어디에 가 있는가?

문득, 나는 지금 사막에 서 있다는 생각이 들었다. 사막! 그렇다. 길도 없고, 사람도 없고, 해 뜨는 곳도 해 지는 곳도 따로 없는, 메마른 사막에 나는 지금 홀로 서 있는 것이다. 모두 나를 떠났다. 모두 떠났다. 나는 이제 혼자다.

생각은 맹렬한 속도로 내 몸을 회전했고, 그것들을 나는 따라갈 수가 없었다. 그리하여 그것들은 마침내 걷잡을 수 없는 외로움이 되어 나를 엄습해 오는 것이었다. 바야흐로, 내 영혼은 일어나 출발을 서둘렀다.

"사람아! 사람아!" 부르면서 헤매면서 내 영혼은 핏빛 광야를 달려갔다.

"소용없는 짓이지!"

검은 얼굴이 눈알을 번들거리면서 내게로 다가왔

다. 그가 낮은 목소리로 계속 말했다.

"자네가 찾는 '사람'은 어디에도 없으니까."

어디서 많이 본 듯한 얼굴이었다. 바위 그늘에서 땡볕을 피하고 있는 오만한 독사의 그것처럼, 그의 눈알은 차갑게 번들거렸다. 그의 몸짓은 군왕(君王)처럼 침착했고, 목소리는 자신에 가득 차 있었다.

"인간의 목숨은 천하보다도 귀한 것이라고 말한 게 누구였지? 바로 자네 아닌가? 자네는 지금 그 천하보다도 귀한 목숨을 버리려 하고 있군. 사람이 온 우주를 얻고도 제 목숨을 잃으면 무슨 소용이 있겠는가?"

나는 더위와 고통과 심한 갈증으로 헐떡거리며 그의 말에 귀를 기울였다. 그리고 전에 그를 본 곳이 어디였던가를 골똘히 회상해 보았다.

그는 바로 내 발 아래에 서서 나를 올려다보고 있었다. 햇빛을 등에 진 그의 어두운 형상이 마치 내 그림자처럼 보였다.

그러자 갑자기 그가 내 진짜 그림자라는 생각이 뇌리를 쑤시고 들어왔다. 그는 이 최후의 순간, 내 무력한 육체로부터 독립하여 저렇게 서 있는 것이다!

큰 결심을 한 듯 그가 내게 속삭여왔다.

"다른 사람을 구하기 전에 우선 자신을 구하게나. 자신을 구하는 것이 곧 다른 사람을 구하는 것이라고 생각되지 않는가?"

마침내, 나는 그가 누구인지 알 수 있게 되었다. 그리고,

"뛰어내려! 어서 그 따위 십자가에설랑 뛰어내리란 말이야."

그의 마지막 말은 그에 대한 나의 기억을 다시 한 번 확실하게 해주었다.

그를 처음 만나던 순간을 나는 잊을 수가 없다.

가죽이 질긴 들짐승들이 거처하는 거친 들판이었

다. 키가 작고 잔가지들 투성이인 떨기나무들이 불어오는 메마른 먼지 바람 속에서 회색 빛을 띠고 여기저기 웅크리고 있었다.

나는 그곳 광야에서 사십 일 동안이나 헤매고 다녔다. 물 한 모금 입에 넣을 여유를 내 영혼은 허락하지 않았다. 무엇이 나를 이 세상에 보내었는가?

이 세상에서 내가 해야 할 일은 무엇인가?

세상은 왜 내 앞에 이렇게 펼쳐져 있는가?

물음은 샘물처럼 끝없이 솟아 이어지는 것이었다. 이어지는 물음과 물음 사이를 나는 벌거벗은 알몸이 되어 헤엄치고 있었다. 그것들은 갈고리가 되어 내 몸을 할퀴었다. 끈적거리는 역청(瀝青)이 되어 내 발을 끌어당겼다.

그리고 그것들은 고향의 골목에서 본 맹인의 지팡이가 되어 내 목을 휘감았다. 문둥병자들의 이지러진 손이 되어 내 어깨에 매달렸다.

나는 광야를 가로질러 세상 끝으로 가려고 했다.

그러나 걸어가면 걸어갈수록 그곳은 광야의 심장일 뿐이었다.

무엇이 나를 이 세상에 보내었는가?

감독관의 매에 맞아 피를 흘리는 노예의 검붉은 어깨가 나를 광야의 심장에서 부르고 있었다. 꿈틀거리며, 그것은 나를 향하여 애타게 손짓을 하고 있었다.

배가 고파 우는 아이의 커다란 입과 그를 하릴없이 품고 있는 가난한 여자의 비틀려 말라버린 까만 젖꼭지가 나를 소리쳐 부르고 있었다.

황금으로 장식한 거대한 전차(戰車) 바퀴에 허리가 깔린 어린 병사, 그의 툭 불거진 두 눈알이 나를 부르고 있었다.

"나는 전쟁을 원치 않습니다." 그 어린 병사가 나를 향해 외쳤다.

"정말로 나는 전쟁을 하고 싶지 않단 말입니다. 나는 어머니가 보고 싶습니다. 마을에 아름다운 여자가 있어요. 그녀와 약혼할 작정이었습니다. 어느 나라가 이기든 그건 우리와 상관없는 일이에요."

전차 바퀴는 마침내 그 어린 병사의 허리를 부러뜨리고 말았다.

"허리가 부러졌어요. 난 이제 그만입니다. 고향에 돌아가도 아무 소용이 없게 됐지요."

어린 병사가 땅속에 묻혀가며 울고 있었다.

으리으리한 어느 저택의 대문에 피곤하게 기대 서 있던 한 거지가 나를 보고 반색을 하며 눈알을 빛냈다. 나는 그의 다리에 난 종기를 커다란 개가 핥고 있는 것을 보았다.

세상에서 내가 할 일은 무엇인가?

물음은 거지의 누런 앞니가 되어 내 손가락을 물었다. 나는 손가락에서 흐르는 내 붉은 피를 보았다. 그것이 거지의 목구멍을 통해 그의 뱃속으로 스며드는 것을 보았다. 나는 참새 한 마리가 광야를 건너지르면서 소리쳐 나를 부르는 소리를 들었다. 짙은 화

장을 한 매음녀가 남자들의 털난 가슴에서 엉금엉금
기어나와 한 그루 떨기나무에 몸을 숨기고는 나를
부르는 것이었다. 나는 그녀의 하체가 넝마처럼 찢
어져 있는 것을 보았다. 그 안에서 물음은 꿈틀거리
며 솟아나와 내 몸을 휘감았다.

세상은 왜 이렇게 내 앞에 펼쳐져 있는 것인가?

"당신은 나를 위해 무얼 해주실 수 있나요?"

떨기나무 뒤의 매음녀가 조소와 기대가 섞인 젖은
음성으로 물어왔다.

"당신은 나를 사랑할 수 있습니까?"

개에게 상처를 핥게 내버려두며 부잣집 대문 앞의
거지가 말했다.

"빵 가지신 게 있거든 한 쪽만 주세요. 아이가 굶
어 죽어갑니다."

마른 젖꼭지를 녹슨 훈장처럼 양 옆구리에 매단
가난한 여자가 내게 손을 내밀었다.

수많은 손들이 광야의 저편에서 메뚜기 떼처럼 몰

려와 내 눈앞에서 난무하고 있었다.

나는 눈을 꼭 감았다. 그리고 광야의 끝을 생각했다. 고향을 생각했다. 그러나 생각나는 고향은 가난과 위험과 먼지와 눈물과 그리고 억울함만 소용돌이치는 고향이었다. 생각나는 광야의 끝은, 맹렬한 불꽃이 모든 것을 녹여버릴 듯이 타오르고 있는 낭떠러지였다.

"당신은 내게 무얼 주시겠어요?"

앞가슴을 풀어헤친 여자가 바위 속에서 나타나 내게로 다가왔다.

"나는 억울한 여자입니다. 남편이 죄도 없이 죽었어요. 아이들도 그렇게 죽었습니다. 그런데 나는 이렇게 살아 있단 말이에요. 그래서 억울하단 말입니다. 당신은 인간의 억울함을 풀어줄 수 있나요? 그런 재주를 갖고 있어요? 내 가슴의 멍을 시원하게 풀어줄 수 있느냔 말입니다."

태양은 내 머리 위에서 작열하고 있었다. 마침내

나는 쓰러지고 말았다. 죽음의 먼지들이 쓰러진 내 얼굴에 내려 쌓였다.

다시 정신을 차렸을 때, 모든 것이 사라지고 없었다. 난무하던 손도, 떨기나무 그늘의 매음녀도, 가난한 여자도, 전차 바퀴 아래서 숨져가던 어린 병사도, 부잣집 대문 앞의 거지도, 맹인도, 그리고 억울한 여자도 사라지고, 눈앞에는 황량한 들판만이 펼쳐져 있는 것이었다.

나는 그때 바로 내 코앞에 먹음직한 빵이 한 개가 놓여져 있는 것을 보았다. 누가 던져주고 지나갔는가? 벌떡 일어나 사방을 둘러보았으나 사람이 지나간 흔적은 찾아볼 수가 없었다.

그 빵을 보자 내 배는 참을 수 없는 시장기를 전해오기 시작했다. 돌멩이라도 씹어 삼킬 수 있을 것 같았다. 나는 그 빵을 집어들었다. 그러나 나는 그 빵이 빵처럼 생긴 돌멩이임을 이내 알게 되었다.

여기저기 흩어져 있는 돌멩이들이 모두 빵처럼 보였다.

저것들이 모두 빵이라면……

생각은 순식간에 나를 가난한 여자와 그녀가 안고 있던 어린 것 앞으로 이끌고 갔다. 그렇다. 한 개면 모든 것은 해결되는 것이다. 빵 한 덩이!

인간의 입을 빵으로 메워주어라. 그러면 다른 모든 구멍도 메워진다. 전차도, 매음녀도, 거지도 모두 사라진다. 빵이 있는 곳에 희망이 있다. 빵이 있는 곳에 사랑도 있다. 아아, 빵이 있는 곳에 자유도 있다.

한 개의 빵이 있는 곳에 한 개의 자유가 있고, 열두 광주리의 빵이 있는 곳에 열두 광주리의 자유가 있다. 자유, 그것은 빵의 날개다.

바로 그때, 들려오는 소리가 있었다.

"주저할 것 없다. 지금 당장 빵을 만들어라! 이 모든 돌로 떡을 만들어라. 보리 가루로만 떡을 만들 수 있는 시대는 지나갔다. 돌로 만들어라. 지천으로 흩어져 굴러다니는 저 모든 돌들로……"

그 목소리는 등뒤에서 들려오고 있었다. 나는 뒤를 돌아보았다. 그러나 아무 형상도 보이지 않았고 목소리만 계속되었다.

"세계를 구원할 힘은 물질에 있다. 만민이 배부르게 되면 만사는 해결된다. 빵으로 인간의 배를 채워주어라. 그것으로 인간의 다른 빈 곳도 넉넉히 채워질 것이다."

나는 태양을 등지고 서 있었다. 태양은 내 몸으로부터 어둡고 긴 그림자를 뽑아내 주었는데, 바로 그 그림자에서 소리는 울려나오고 있었다. 소리를 내면서 내 그림자는 스스로 조금씩 움직이는 것이었다. 마침내 그것은 검은 형체가 되어 내 바로 앞에 우뚝 섰다. 이렇게 하여 나는 그를 처음 만나게 되었던 것이다.

"주저하지 말라니까?"

그가 속삭이듯이 내게 말했다.

"자네를 부르고 있는 저 모든 가련한 자들을 끝내 외면할 셈인가?"

"그들을 외면할 용기는 없네."

나는 그에게 대답했다. 이어서 말했다.

"그들에게 거짓 빵을 줄 용기도 내겐 없네."

그는 딱하다는 듯이 나를 바라보며 말했다.

"돌로 만들었어도 빵은 빵이야. 왜 그것이 거짓 빵 인가?"

"그것으론 사람의 살과 피를 만들 수 없지. 그리고 따뜻한 마음은 더욱 만들 수 없네. 사람을 살게 할 수 없는 빵이 어찌 참 빵인가? 사람은 마음 없이 살 수 없거든."

"그럼 자네가 저들에게 줄 수 있는 건 도대체 무엇 인가?"

"그것은…… 사랑이지. 나로선 그들을 사랑할 재

간밖에 아무것도 없네."

　이렇게 대답한 것은 내가 아니었다. 나는 다만 입술을 움직였을 뿐이었다. 내 메마른 입술 속에서 매음녀와 거지와 문둥병자 들이 그렇게 합창을 하고 있었다.

　　무관심보다는 동정을
　　동정보다는 한 닢의 동전을
　　동전보다는 따뜻한 손길을
　　손길보다는
　　당신 몸을, 차라리 당신 몸을

　　우리가 당신에게 바라는 것은
　　크림을 바른 빵이 아닙니다.
　　냉장고 속의 콜라가 아닙니다.
　　우리가 당신에게 바라는 것은
　　오직

한 움큼 뜨거운 사랑입니다..

"내가 가진 것은 이 벌거숭이 몸뚱이뿐일세. 인간
이 알몸을 가지고 사랑하는 것밖에 무엇을 할 수 있
겠는가?"

나는 그의 차갑게 번들거리는 눈을 이마에 느끼면
서 말의 마무리를 지었다.

"사람은 빵만으로 살 수가 없다네. 하느님의 말씀
을 먹어야 돼."

그는 나를 데리고 높은 성전 꼭대기로 올라갔다.
화살같이 흐르는 여름 하늘의 구름처럼, 그 구름이
땅거죽에 드리우는 그림자처럼, 우리는 순식간에 성
전 꼭대기에 올라가 있었다.

"저 아래를 보게."

그가 속삭이듯이 말했다.

"사람들이 보이지? 그들이 타고 다니는 우마차도

보이는군."

과연 거기 길 위에는 수많은 사람들이 웅성거리고 서 있었다. 그들은 모두 성전 위의 우리를 쳐다보고 있었다. 손가락질을 하며 떠드는 자도 보였다.

"모두들 기다리고 있네. 누구를 기다리고 있는지 알고 있나?"

군중의 선두에 선 한 건장한 사나이가 외치는 소리가 내 귀에 들렸다. "보라! 메시아가 오셨다. 성전 꼭대기의 저 찬란한 모습을 보라. 이스라엘을 구원하실 메시아가 오셨다."

"맞았어, 저 유다 이스가리옷이 말을 잘 하고 있군! 그들은 지금 자네를 기다리고 있네. 제왕처럼 하늘에서 군림하는 메시아를 목마르게 기다리고 있는 군중을 자네는 차마 외면할 수 없겠지. 저들은 억울하게 상처입은 백성들일세. 터무니없이 억눌리고 자유를 빼앗기고 소중한 인권마저 유린당했네. 무엇을 주저하고 있는가? 자네에게 용기가 있다면, 저 기다리고 있는 사람들을 참으로 사랑한다면 뛰어내리게. 당장 뛰어내리게!"

그의 속삭임과 함께 유다 이스가리옷의 외침이 또다시 들려왔다.

"이 멍청한 인간들아, 무얼 꾸물거리는 거야? 어서 가슴을 펴고 손을 들어라. 메시아를 영접할 자세를 갖추어야지. 우리의 손으로 받아 안는 거다. 우리의 가슴으로 받아들이는 거다. 이스라엘아, 손을 들어라. 가슴을 펴라. 메시아가 하늘에서 내려오신다!"

다시 그의 속삭임이 이어졌다.

"어서 뛰어내리게. 자네는 단번에 저들의 메시아가 되는 거야, 단번에. 저들의 애타는 기다림을 더 이상 연장시킬 악의는 없겠지? 뛰어내리는 거야. 모든 눈들이 보는 앞에서 당장에 뛰어내리는 거야! 간단하게 해결될 수 있는 길은 아직 열려 있네. 뛰어내리게, 십자가에서 뛰어내리는 거야."

그가 나무에 매달린 내 발치에 서서 속삭이고 있었다. 그때, 그 광야에서처럼 속삭이고 있었다. 나는 눈을 감았다.

엘로이 엘로이

눈을 감자 그 순간 현실이 내게서 도망쳤다. 그리고 그 현실이 있던 공간으로, 어둠도 밝음도 아닌 그 잿빛 공간으로 십자가에서 뛰어내리는 내 몸뚱이를 나는 보았다. 붉은 내 몸은 땀으로 젖어 있었다. 그리고 그것은 서두르고 있었다.

내 몸은 곧 거기서 멀지 않은 곳에 신선한 샘이 솟아오르고 있는 것을 보았다. 샘물은 차갑고 달콤했다. 한 모금 마시자 내 몸은 근육의 긴장을 풀고 짧은 안식에 들어가는 것이었다.

그의 코는 대지의 향기를 마시려는 듯 축축한 땅

바닥에 밀착되어 있었고, 손가락 사이에는 어느새 한 송이 들장미가 쥐어져 있었다. 그러나 안식은 오래 계속 되지 못했다. 사막 쪽에서 거센 바람이 인간들의 아우성을 싣고 불어왔던 것이다.

의미를 알 수 없는 그 아우성은 차라리 을씨년스런 여름밤의 천둥소리였다. 그것은 잠자던 내 몸을 사정 없이 깨우고 말았다. 피 묻은 손으로 귀를 틀어막고, 피 묻은 발로 내 몸은 들판을 내달리고 있었다. 뚝뚝 붉은 피가 그의 발자국마다 떨어지고 있었다.

나는 도망치는 내 몸을 안타깝게 따라갔다.

"야— 이 외로운 놈아!"

나는 소리쳤다.

"어쩌자고 그렇게 도망만 치는가?"

그러나 붉은 내 몸은 뒤도 돌아보지 아니하고 계속 내달리기만 할 뿐이었다. 아무도 그의 앞을 막아설 수 없을 것 같았다. 그리고 과연 아무도 내 몸이 도망치는 걸 막지 않았다. 인간들의 아우성을 실은 사막의 바람만이 그의 그림자인 듯 따라붙었다. 마침내 들판이 끝나는 곳에서 나는 내 몸이 피투성이된 채 쓰러지는 것을 보았다.

"끝이다. 끝이야. 더 이상은 못 가겠어!"

이렇게 내 몸은 숨가쁘게 중얼거리고 있었다.

"길이 끝났어."

그는 한숨을 쉬며 여전히 뒤따라오고 있는 사막을 바라보았다. 그는 눈물을 흘리지는 않았다. 순수하고 단정한 얼굴을 차츰 되찾고 있었다.

"도망은 안 돼."

나는 그의 등을 어루만지며 속삭여주었다.

"아무도 역사에서 도망칠 수는 없어."

"역사! 역사가 무어지?"

그가 내게 진지한 음성으로 물어왔다.

"그것은 저 사막의 바람이지."

갑자기 인간들의 아우성 소리가 우리 주변을 소용돌이치며 맴돌았다. 내 몸이 낯을 찡그리며 내게 물었다.

"누가 저 사막의 바람을 일으켰어?"

나는 대답하지 않았다. "그건 우리 아버지야" 하고 나오려는 말을 간신히 참았다.

그 대신 그의 등을 다시 어루만지며 속삭였다.

"그게 무슨 상관이지? 어쨌든 불어오는 바람을 피할 수는 없는 일 아닌가? 자, 일어나 돌아가자."

내 몸이 타는 듯한 눈으로 나를 노려보았다. 그러나 그것은 증오서린 눈은 아니었다. 알 수 없는, 그래서 두렵기까지 한 신비를 눈앞에 둔 원시인처럼 내 몸은 나를 바라보고 있었다.

"그래 돌아가자. 십자가가 기다리고 있어."

내 몸이 이렇게 말하면서 벌떡 일어났다. 신천지를 눈앞에 둔 숫사슴처럼, 그의 가슴은 부풀어 있었다.

"가는 거야, 죽으러 가는 거야!"

그가 맹렬한 속도로 되돌아 달려갔다. 나는 영원한 경주자처럼 빈 들을 달려가는 그의 뒷모습을 보면서 따라 달렸다.

　누가 역사로부터 도망칠 수 있을 것인가? 그리하여 모든 속박을 벗어난 참 자유인이 될 수 있을 것인가? 주민증이 없이도 밤의 바닷가를 마음껏 거닐 수 있고, 여권이 없이도 국경을 넘나들 수 있고, 자유가 없어도 부자유(不自由)하지 않으며, 돈이 없어도 부유하고, 집이 없어도 편히 쉴 수 있고, 억울한 일을 당해도 억울하지 않으며, 밟혀도 밟히지 않고, 굶어도 배고프지 않으며, 먹어도 배부르지 않을 것인가? 누가 과연 없어도 있는 듯이, 있어도 없는 듯이, 그렇게 살 수 있을 것인가? 모든 장애물이 걷히고, 호흡조차 그를 가두지 못하며, 삼라만상이 그의 발 아래 투명한 바람처럼 무릎 꿇는, 누가 그런 사람이 될 수 있을 것인가? 천상천하 유아독존(天上天下唯我獨尊)이라 말해도 신성 모독이 되지 않는, 누가 그런 사람이 될 수 있을 것인가? 누가 과연 역사를 벗어

날 수 있을 것인가? 그리하여 죽어도 죽지 않을 것
인가?

나는 눈을 떴다. 도망쳤던 현실은 이미 돌아와 있
었다. 그와 함께 내 몸도 다시 십자가 위에 달려 있
었다. 모든 것은 여전했다. 그러나 한 가지 분명히
달라진 것이 있었다. 내 몸이었다. 내 몸이 해방되어
있었다. 모든 고통으로부터 벗어나 있었다. 그것은
참으로 설명할 수 없는 기적이었다.

가시나무 관에 뚫려 짜릿한 아픔을 끊임없이 퉁겨
보내던 내 이마가 아무런 통증도 느끼지 못한다. 두
손과 발에 든든하게 박힌 청동색 쇠못도 더 이상 통
증을 안겨주지 못한다. 몸을 한번 뒤틀어본다. 그러
나 내 몸은 이미 내 의지로부터도 해방되어 있다. 그
것은 꼼짝도 하지 않는다.

노랫소리가 들려왔다.

모든 것이 끝났다.

출발이로다.

아아!

내 이제 깨끗한 출발이로다.

내 몸이 내 속에서 부드럽고도 격렬하게 부르는 노래였다.

나는 끝내 십자가에서 뛰어내리지 않았다. 뛰어내리지 못했다. 뛰어내리기 전에, 이미 내 몸은 새로운 출발이었기 때문이다.

그렇다. 나는 꼼짝 못하고, 가뭄에 말라죽은 개구리처럼 십자가에 달려 있는 내 몸으로부터 황금빛 수레바퀴가 굴러나가는 것을 보았다. 그 바퀴가 구르는 곳마다 아우성 소리는 잦아들고 평화가 깃들었다. 전쟁은 끝나고, 거기 전쟁터에 꽃이 피어났다. 가물던 곳에 단비가 내리고, 쓸쓸하던 곳에 다정한 애인들이 나타났다. 그리고 나는 대지가 숱한 수목과 들짐승을 품에 안고 뽀오얀 젖줄기를 아낌없이 뿜어내고 있는 것을 보았다. 사람들이 뾰죽한 고깔을 쓰고 피리를 불며 수풀 속에서 나왔다. 웃통을 벗은 건장한 사내가 맨 뒤에 서서 커다란 북을 울리고 있었다. 나팔, 꽹과리, 장구…… 그들은 노래 부르며 춤을 추고 있었다. 노랫소리에 맞추어, 오래 전에 죽었던 고목의 마른 가지가 움직이고 거기서 파란 잎이 돋아났다. 말랐던 샘물이 터지고 이름 모를 새들이 잔가지 사이를 오르내리며 노래했다. 오색 영롱한 무지개가 나무와 인간 들 사이를 비단 자락처럼 흐르고 있었다. 그리고 인간들은 포도주를 마셨다. 그것은 온몸의 피를 신선하게 만들어주었다. 물구나무를 선 여자들이 하늘을 향해 두 발을 흔들며 춤을 추고 있었다. 그 위로 숱한 별들이 우박처럼 쏟아져내렸다. 우물가에서 아이가 태어났다. 태어난 아이는 날개를 펄럭이며 우물가를 맴돌고 있었다. 나는 그 아이와 함께 빙글빙글 돌아가는 피 묻은 바퀴를 보았다. 그것은 개구리처럼 말라붙은 내 몸에서 굴러나온 바로 그 황금 수레바퀴였다.

그러나 사실 내 몸은 이미 십자가와 하나되어 있었고, 따라서 그 수레바퀴가 나온 것은 내 몸이 아니라 십자가였다.

내 몸이 십자가와 하나되어 이미 출발을 하고 있음을 확인하자 나는 걷잡을 수 없는 외로움에 빠졌다. 그것은 가시관이나 쇠못이 가져다주는 아픔은 비교도 안 될 만한, 무서운 고통을 내게 덮어씌웠다. 나는 거의 미칠 지경이 되었다. 그때, 누군가 내 속에서 속삭이는 음성이 들려왔다.

"견디는 거다. 아들아, 참고 견디는 거다."

우주의 큰마음, 내 '아버지'의 음성이었다.

"견딜 수가 없습니다."

나는 온몸을 뒤틀면서 항의했다.

"이제 당신이 나를 버릴 시간입니다. 어서 떠나시

오!"

그의 속삭이는 소리가 다시 들려왔다.

"그렇다. 이젠 내가 떠날 시간이 되었다. 그러나 제발 부탁이다. 견뎌다오."

"견디라고요? 이 사막에다 지독한 외로움을 선물하면서, 이 미칠 지경에 처한 몸으로 견디라고요?"

"고통을 극복하는 길은 그 고통의 뿌리를 뽑아내는 것이라고 생각하지 말아라. 그것은 해결의 길이 아니다. 고통의 뿌리를 뽑는 날 너는 그 뿌리가 곧 네 뿌리임을 발견할 것이다. 그러나 그때는 이미 늦었다. 아들아, 견뎌라. 고통을 이기는 길은 견뎌서 배겨내는 길뿐이다."

나는 솟아오르는 분노로 목소리가 떨렸다.

"차라리 죽겠습니다! 죽여주시오. 무엇 때문에 견디라는 겁니까? 무엇 때문에 배겨내라는 겁니까?"

내 속에서, 내 아버지가 더욱 작은 음성으로 속삭였다.

"아들아! 너는 아침 동산에 태양이 무엇 때문에 솟아나는지를 알고 있느냐? 밤에 이슬이 무엇 때문에 내리는지를 알고 있느냐? 나는 모른다. 나는 그것들이 무엇 때문에 솟아오르고 내리는지를 모른다."

처음에 나는 그가 "아들아, 너는 아침 동산에 태양이 무엇 때문에 솟아나는지를 알고 있느냐……" 하고 속삭이기 시작했을 때, 제발 좀 그렇게 속삭이지 말라고 소리치려 했으나, "…… 나는 모른다"는 그의 말 한 마디는 내 모든 것을 얼어붙게 하고 말았다.

침묵을 지키고 있는 내게 그가 다시 속삭였다.

"전쟁이 일어나 술렁이는 때 밭을 가는 것이 그 전쟁을 극복하는 길이다. 나는 알고 있다. 네가 역사에서 벗어나려고 하는 것을. 아들아, 나는 이제 너를 떠나야 한다. 부탁한다. 견뎌다오. 그 어떤 고통이 닥치더라도 견뎌서 배겨내다오. 끝까지 남는 자가 수레바퀴의 참 주인이다."

그가 말을 마치자, 나는 내 몸의 열이 갑자기 식는 것을 느꼈다. 그리고 거센 바람 같은 것이 해골산 골짜기를 휘몰아치며 서쪽으로 빠져나가는 것을 보았다.

나는 하늘을 올려다보았다. 그것은 최후의 몸짓이었다. 가까스로 올려다본 하늘에는 정오의 태양이 차츰차츰 흔들리기 시작하고 있었다.

유다 사막 쪽에서 무서운 모래 바람이 불어왔다. 그 바람은 삽시간에 하늘을 가려 땅 위를 어둡게 했다. 빛은 차츰차츰 어둠에 몰려 스러져갔다. 나는 이제 완전히 혼자가 되어 있었다. 모두가 떠나갔다. 모두— 모두 나를 버렸다. 내 아버지까지.

나는 눈을 감았다. 눈을 감자 다시 현실은 사라져가고, 나는 잿빛 공간 속으로 살며시 스며드는 내 영혼을 보았다. 십자가에서 소리 없이 내려와, 그것은 흰 비둘기처럼 날아가는 것이었다.

"나는 부활한 거야!"

이렇게 내 영혼은 울부짖었다.

"나는 사흘 후 부활한 거야."

하얀 새처럼, 내 영혼은 언덕을 내려가 어느 무덤 앞을 서성거리고 있었다. 거기서 내 영혼은 울고 있는 여자를 만났다.

그녀는 마리아다. 내 영혼은 마리아에게, 왜 울고 있소? 누구를 찾고 있소? 하고 묻는다. 마리아는 그를 보고, 여보세요, 당신이 그분을 옮겨갔거든 어디다 모셨는지 알려주세요. 내가 모셔가겠습니다, 하고 말한다. 그가 마리아! 하고 부르자 마리아는 그를 보고 랍보니! 하며 반가워한다.

내 영혼은 또다시 날아갔다. 이번에는 어떤 밀폐된 방이었다. 제자들이 모여 있다. 그들에게 다가서며 평안하시오? 하고 인사를 한다. 그러자 제자들은 기뻐 날뛰며 반색을 한다.

"나는 부활한 거야."

하얀 새처럼 언덕 위를 날아가며 내 영혼은 소리쳤다.

"아무리 지독하게 죽여도 나는 부활했단 말야."

바닷가로 내려온다. 사람들이 배를 타고 고기를 잡고 있다.

내 영혼은 그들을 부른다. 사람들이 가까이 온다. 모두 놀란다. 놀람 속에서 서로 웃고 노래하고 음식을 나눈다.

"드디어 구르기 시작했어, 새 역사의 바퀴가."

내 영혼은 기쁨에 넘쳐 소리지른다.

"새로운 역사야! 모든 낡은 것은 무너지고 새 예루살렘이 서는 거다!"

내 영혼은 로마로 날아간다. 거기서 옥에 갇힌 한 사내를 방문한다. 그 깡마른 사내와 내 영혼은 대화를 나눈다. 당신의 부활이 없었다면 나는 아무것도 아닙니다, 하고 바울로가 말한다. 용기를 가지시오, 그리고 끝까지 견디시오, 하고 내 영혼이 그를 위로

한다.

잠시도 쉬지 않고, 내 영혼은 내 부활을 확인하고 있었다. 그는 자기의 흔적을 가는 곳마다 남겨두었다. 사람들은 내 부활을 온 세계에서 기념하고 있었다. 작은 오두막에서나, 큰 궁전에서나, 사람들은 내 부활에 대한 노래를 지어 부르거나, 연극을 하는 것이었다.

그리고 그는 자신의 부활이 많은 사람들에게 가져다준 놀라운 기적들을 찾아보고 있었다. 사람들은 대포알이 비오듯 퍼붓는 가운데서도 태연히 앉아 노래를 부르고 있었다.

나는 내 영혼이 하얀 새처럼 날아다니며 사흘 후의 부활을 확인하고 있는 모습을 처음부터 지켜보고 있었다.

그러나 그러는 동안에도 하늘의 어둠은 점점 더 짙게 드리우는 것이었다. 나는 눈을 떴다. 현실은 그대로 회복되어 있었다. 창을 든 로마 병정들이 지루

한 죽음을 기다리며 졸고 있었다. 석상처럼, 사람들은 선 자리에 붙어 움직이지 않고 나를 바라보고 있었다. 나는 발 밑에서 안타까이 몸을 떨고 서 있는 내 어머니를 보았다.

"어머니."

나는 그녀를 불렀으나 그녀는 듣지 못한 채 그냥 울고 있었다. 어둠이 그녀와 나와의 사이에까지 파고들어 차츰 그 모습이 보이지 않게 되었다.

이윽고 최후의 순간이 닥쳐왔다.

"끝이다. 나는 견뎌냈어."

내 몸이 내게 속삭였다.

"그래, 너는 견뎌냈다."

나는 서둘러, 방황하고 있는(그렇다. 나는 알고 있었다. 그것은 최후의 방황이었다) 내 영혼을 불러야겠다고 생각했다.

"부활은 아직 네가 간섭할 게 아니란 말야" 하고 내 영혼에게 말했다.

"우리가 할 일은 견디는 것뿐이야."

나와 내 몸이 말했다. 내 영혼이 아쉬운 날개를 접고 내 속에 들어왔다. 우리는 다시 한동안 침묵을 지켰다.

이윽고 내 몸이 말했다.

"이젠 끝이다. 다 됐어."

나는 날개를 꺾었다. 어둠만이 가득 찬 하늘을 바라보았다. 깜깜한 하늘, 바람 한 점 불지 않는 어두움. 견디자, 끝까지 견디자. 나는 이를 악물었다. 그리고 큰 소리로 부르짖었다.

"엘로이 엘로이, 레마 사박타니!"

내 영혼과 몸과 내가 처음으로 불러본 제창(齊唱)이었다.

샨티의 회원제도 안내

샨티의 회원이 되시면……

샨티 회원에는 잎새 · 줄기 · 뿌리(개인/기업)회원이 있습니다. 잎새회원은 회비 10만 원으로 샨티의 책 10권을, 줄기회원은 회비 30만 원으로 33권을, 뿌리회원은 개인 100만 원, 기업/단체는 200만 원으로 100권을 받으실 수 있습니다. 그 외에도,

- 추가로 샨티의 책을 구입할 경우 20~30%의 할인 혜택을 드립니다.
- 신간 안내 및 각종 행사와 유익한 정보를 담은 〈샨티 소식〉을 보내드립니다.
- 샨티가 주최하거나 후원 · 협찬하는 행사에 초대하고 할인 혜택도 드립니다.
- 뿌리회원의 경우, 샨티의 모든 책에 개인 이름 또는 회사 로고가 들어갑니다.
- 모든 회원은 아래에 소개된 샨티의 친구 회사에서 프로그램 및 물건을 이용 또는 구입하실 때 할인 혜택을 받으실 수 있습니다.

- 문성희의 〈평화가 깃든 밥상〉 요리강좌 수강료 10% 할인
  070-8153-8642, http://cafe.daum.net/tableofpeace
- 오늘 행복하고 내일 부자되는 '포도에셋' 재무설계 상담료 20% 할인
  http://www.phodo.com
- 대안교육잡지 격월간 《민들레》 정기 구독료 20% 할인
  http://www.mindle.org
- 부부가 정성으로 농사지은 설아다원의 유기농 녹차 구입시 10% 할인
  http://www.seola.kr

＊ 친구 회사는 앞으로 계속해서 늘려나갈 예정입니다.
＊ 회원제도에 대한 더 자세한 사항은 샨티 블로그 http://blog.naver.com/shantibooks를 참조하십시오.

샨티의 뿌리회원이 되어
몸과 마음과 영혼의 평화를 만들고 나누는 데
함께해 주신 분들께 깊이 감사드립니다.

뿌리회원 (개인)

이슬, 이원태, 최은숙, 노을이, 김인식, 은비, 여랑, 윤석희, 하성주, 김명중, 산나무, 일부, 박은미, 정진용, 최미희, 최종규, 박태웅, 송숙희, 황안나, 최경실, 유재원, 홍윤경, 서화범, 이주영, 오수익, 문경보, 최종진, 여고운, 조성환, 김영란, 풀꽃, 백수영, 황지숙, 박재신, 염진섭, 이현주, 이재길, 이춘복, 장완, 한명숙, 이세훈, 이종기, 현재연, 문소영, 유귀자, 윤홍용, 김종휘, 이성모, 박새아, 문수경, 전장호, 이진, 최애영, 김진회, 백예인, 이강선, 박진규, 박영하, 이옥현, 최훈동, 이상운, 이산옥, 김진선, 심재한, 안필현, 육성철, 신용우, 곽지회, 전수영, 기숙희, 김명철, 장미경, 정정희

뿌리회원 (단체/기업)

섬김한국가족상담협외·한국가족상담센터

— 회원이 아니더라도 이메일(shanti@shantibooks.com)로 이름과 전화번호, 주소를 보내주시면 독자회원으로 등록되어 신간과 각종 행사 안내를 이메일로 받아보실 수 있습니다.

전화: 02-3143-6360 팩스: 02-338-6360
이메일: shanti@shantibooks.com